FACULTÉ DE DROIT DE PARIS

DROIT ROMAIN

LA

PROPRIÉTÉ DANS LES PROVINCES

DROIT FRANÇAIS

LA PROPRIÉTÉ DES COLONS
EN ALGÉRIE

THÈSE POUR LE DOCTORAT

L'ACTE PUBLIC SUR LES MATIÈRES CI-DESSOUS

Sera soutenu le Lundi 4 Juin 1894, à 1 heure

PAR

A. BLEU

Avocat à la Cour d'Appel,
Lauréat de la Facult. de droit de Paris

Président :	M. LYVEILLE, *professeur*.
Suffragants	MM. GARSONNET, *professeur*
	ALGLAVE, *professeur*.
	WEISS, *agrégé*.

PARIS

A. DURAND ET PEDONE-LAURIEL, ÉDITEURS

LIBRAIRES DE LA COUR D'APPEL ET DE L'ORDRE DES AVOCATS

A. PEDONE, Successeur
13, RUE SOUFFLOT, 13

1894

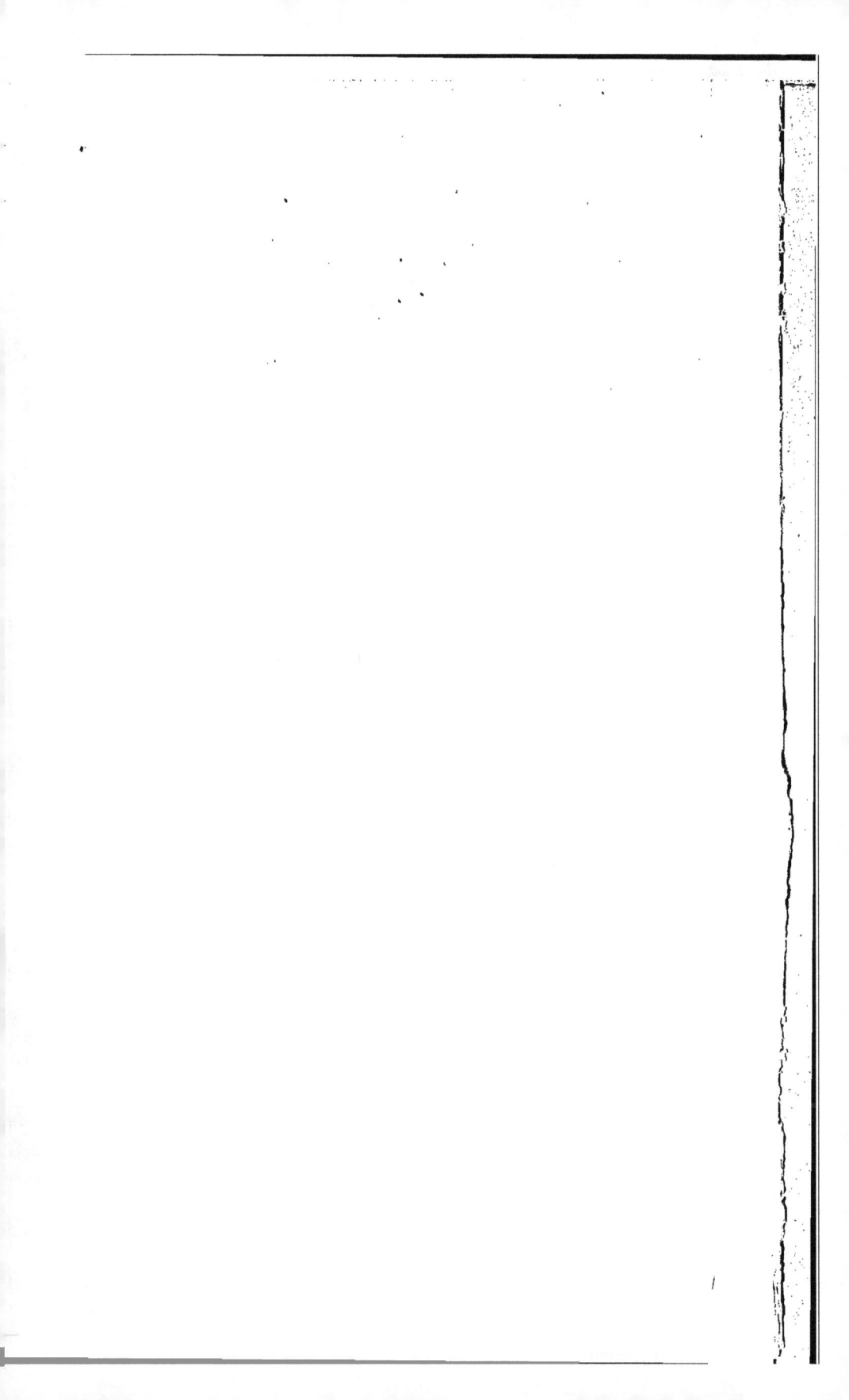

THÈSE

POUR

LE DOCTORAT

FACULTÉ DE DROIT DE PARIS

DROIT ROMAIN

LA

PROPRIÉTÉ DANS LES PROVINCES

DROIT FRANÇAIS

LA PROPRIÉTÉ DES COLONS
EN ALGÉRIE

THÈSE POUR LE DOCTORAT

L'ACTE PUBLIC SUR LES MATIÈRES CI-DESSUS

Sera soutenu le Lundi 4 Juin 1894, à 1 heure

PAR

A. BLEU

Avocat à la Cour d'Appel.
Lauréat de la Faculté de droit de Paris.

Président : M. LÉVEILLÉ, *professeur.*

Suffragants { MM GARSONNET, *professeur.*
ALGLAVE, *professeur.*
WEISS, *agrégé.*

PARIS

A. DURAND ET PEDONE-LAURIEL, ÉDITEURS

LIBRAIRES DE LA COUR D'APPEL ET DE L'ORDRE DES AVOCATS

A. PEDONE, SUCCESSEUR.

13, RUE SOUFFLOT, 13

1894

A MON PÈRE

A MA MÈRE

DROIT ROMAIN

LA PROPRIÉTÉ DANS LES PROVINCES

BIBLIOGRAPHIE

Mommsen. Histoire Romaine (Traduction Alexandre).

Dareste. Nouvelle revue Historique, 1885, 1886, 1887.

Fustel de Coulanges. La Cité Antique.

Garsonnet. Histoire des locations perpétuelles.

Mommsen et Marquardt. Manuel des antiquités Romaines, t. VI, (trad. Girard); T. VIII (trad. Weiss).

Accarias. Droit Romain.

Appleton. Histoire de la propriété prétorienne.

Arbois de Jubainville (d'). Recherche sur l'origine de la propriété foncière en France.

Rudorff. Römische Rechtsgeschichte.

Walter. Geschichte des Römischen Rechts.

Rein. Das Römische Privatrecht.

Pernice. Parerga (Zeitschr. der Savignystift f. Rechtsgesch.).

Roriou et Delaunay. Les institutions de l'ancienne Rome.

Mitteis. Reichsrecht und Volksrecht.

Karlowa. Römische Rechts Geschichte.

B.   1

BERNIER. Thèse. 1884.

BEUDANT. Thèse. 1889.

BEAUDOIN. Nouvelle Rev. Hist., T. V, p. 146.

Corpus inscriptionum latinarum.

BLUME, LACHMANN und RUDORFF. Die Schriften der römischen
    Feldmesser.

INTRODUCTION.

A la fin de la République, Rome étend sa domination sur le monde. Ses flatteurs, les poëtes, célèbrent les gloires de ses origines, les historiens accueillent avec complaisance les légendes de ses premiers siècles. Il déplaît quelquefois aux parvenus de se rappeler leur humble naissance : ils renient les qualités d'ordre et d'économie qui les ont menés à la fortune. Ce sont des qualités analogues, une ténacité laborieuse, une politique sage et prudente qui ont conduit Rome à ses hautes destinées ; point de conquêtes brillantes comme celles des Macédoniens d'Alexandre ou des Arabes après Mahomet ; des progrès lents, une marche sûre. Les limites primitives de la cité Romaine ne sont guère à plus de deux lieues des murailles. Elle est de la ligue latine ; elle établit peu à peu sa prépondérance sur les autres villes fédérées. Elle prend Veies ; elle survit aux invasions des Gaulois et de Pyrrhus ; c'est seulement en 414 que la bataille de Trifanum lui assure l'Italie centrale (1).

1. Mommsen. *Hist. Rom.* T. 2, p. 154.

Elle se heurte aux Carthaginois d'origine Phéni-
cienne : c'est un premier pas en dehors de l'Italie ;
la guerre punique lui donne la Sicile, sa première
province,(513). Sa puissance, un instant ébranlée par
Annibal, vainqueur de Cannes, est affermie par la victoire de Zama. Elle consolide sa domination dans la
Cisalpine et dans le Sud de l'Italie : toutefois les
Samnites ne seront définitivement écrasés qu'à l'é-
poque de Sylla. La troisième guerre punique satis-
fait les haines et les craintes de ceux qu'Annibal a
fait trembler : Carthage détruite, le Nord de l'Afrique devient province romaine. Presqu'en même
temps, l'Espagne, l'Illyrie, la Macédoine, la Grèce
sont soumises à la République : puis l'Asie, l'Egypte;
puis la Gaule. Les empereurs achèvent l'œuvre en
défendant les frontières contre les Barbares, en Grande
Bretagne et en Germanie, sur le Danube et sur l'Eu-
phrate.

Cette fortune éclatante est durable. Rome impose
au monde ancien sa langue et sa civilisation. Après
avoir conquis, elle organise, et son œuvre a vécu plus
longtemps que son empire. Ses acquisitions en dehors de l'Italie ressemblent bien moins à nos anne-
xions de provinces européennes qu'à nos entrepri-
ses de colonisation. C'étaient des conquêtes lointai-
nes, c'était l'exploitation de pays où se rencontraient
d'autres races et d'autres mœurs. Le sénat dut se demander (et nos législations modernes organisant nos

possessions d'outre-mer ont traversé les mêmes
incertitudes), comment se résoudraient la question
des indigènes et la question de la propriété. Il n'é-
tait point embarrassé par les principes du droit des
gens. En droit, les vaincus qui se rendaient sans
conditions étaient à la discrétion du vainqueur : il
pouvait les tuer ou les vendre, il pouvait confisquer
leurs terres et tous leurs biens. En fait, la puissance
romaine s'établit fortement dans le monde ancien
grâce à la souplesse et à la modération de sa politique. Elle ne chercha point à assimiler brusquement
les populations étrangères à sa population, leur territoire à son territoire. Les Romains évitèrent toujours d'imposer aux vaincus leurs usages et leur
religion : leur droit ne régissait que les peuples auxquels ils concédaient la cité. Ils ne voulaient point,
comme autrefois les Espagnols et les Français, con-
vertir les Barbares Leur civilisation pénétrait peu
à peu dans les provinces par la seule force de sa su-
périorité. D'ailleurs, point d'amour-propre national :
on s'était vite résigné dans l'aristocratie des con-
quérants à admirer la culture intellectuelle des Grecs;
leurs actes et leur littérature reçurent à Rome le droit
de cité.

Le Sénat s'inspira de cette adroite modération
dans l'organisation administrative et de la propriété.
Peu de fonctionnaires; ils sont coûteux et font sentir
lourdement la main de l'État. A la tête de chaque

province un gouverneur très puissant et très éloigné des sujets ; partout l'autonomie laissée aux villes dans la mesure où elle était conciliable avec les intérêts de Rome. D'autre part, le Sénat eut partout et constamment le souci de diviser pour régner. Il brisa l'unité de résistance, en accordant un traitement différent aux diverses provinces et même aux diverses cité de la même province. Tantôt, ce furent des faveurs accordées aux personnes, la *civitas optimo ou minuto jure*, le *Jus latii*. Tantôt, ce furent des conditions inégales imposées au sol. L'étude de la propriété dans les provinces nous parait dominée par ces deux idées : Rome laissait souvent aux vaincus leurs coutumes locales ; elle soumettait les terres à des régimes variés. Nous devons pénétrer dans les distinctions que nous indiquent les textes. Nous rencontrons, au sommet de la hiérarchie, les fonds provinciaux auxquels on accorde le *Jus Italicum*, le droit de propriété des champs italiques : ce sont généralement les terres des colons romains ; on leur concède la jouissance du droit Quiritaire. Puis, ce sont les terres des cités fédérées ou libres : elles conservent leur droit foncier. Puis, ce sont les terres des déditices. Ici de nouvelles distinctions sont nécessaires : souvent Rome les restitue aux anciens possesseurs à charge d'un impôt ; parfois, en châtiment d'une résistance opiniâtre, elle les confisque et les réunit au domaine public.

CHAPITRE I.

§ 1. — C'est un principe des législations primitives que nul, s'il n'appartient à la cité, ne peut être propriétaire sur son territoire. Toutefois cette règle comporte des exceptions en vertu de traités. C'est ainsi que, dès l'origine de la ligue latine, les villes du Latium admettent les citoyens des villes confédérées à la propriété de leur sol. Le Latin a la faculté d'acquérir la propriété quiritaire du sol romain ; réciproquement, le Romain peut acquérir la pleine propriété d'un fonds à Préneste, selon le droit local de Préneste. D'une part, les cités sont souveraines sur leur territoire et conservent leur législation spéciale ; en fait, leurs institutions sont peu différentes. D'autre part, il y a le droit commun de la confédération : les cités se communiquent le *commercium*, la faculté de s'approprier le sol conformément au droit. Cette communauté de droit (1) s'étendait avant la guerre sociale aux territoires italiques de droit romain et

1. Mommsen. T. VI. Trad. Girard.

de droit latin. Après la guerre sociale, elle s'est étendue à l'Italie proprement dite et à la Gaule Cisalpine : elle s'appelle le « *Jus Italicum* » le droit du sol italique, du sol qu'occupaient les Romains et leurs alliés. Au dernier siècle de la république, la prépondérance de Rome s'est affirmée ; il n'y a plus de législations locales ni de villes souveraines ; l'ancienne communauté de droit foncier n'est plus que la propriété quiritaire elle-même et tout le sol italique est l'objet du *dominium ex jure quiritium*. Cette substitution s'est faite aisément, car le droit de la cité prépondérante et les législations des villes alliées ne différaient guère.

Mais Rome a étendu sa domination en dehors de l'Italie. Dans les provinces, les Romains n'étaient plus en présence d'anciens alliés. Ils n'ont avec leurs nouveaux sujets ni la communauté de race ni l'identité d'institutions. D'un autre côté, la concession du droit quiritaire est considérée comme une faveur. Enfin le sénat romain, pour éviter la dépréciation des domaines italiques, se garde d'accorder aux fonds provinciaux la jouissance du même droit foncier. En principe le sol des provinces reste donc « *extra commercium* ». Exceptionnellement, dans les provinces, il se rencontre des territoires investis du *commercium*. Ils sont élevés au rang des fonds Italiques. En vertu d'une fiction, on les considère comme s'ils étaient situés en Italie et ils jouissent de tous les avantages attachés au sol italique. Admis au bénéfice du droit commun des immeubles italiques, qui est le droit quiritaire, depuis l'assimilation de l'Italie à *l'ager Romanus*, ils jouissent du « *jus italicum* ».

§ 2. — Quelle est, d'une façon précise, la condition de ces territoires privilégiés ? Le *jus italicum* donne au sol : 1° la capacité d'être l'objet de la propriété quiritaire ; 2° l'exemption d'impôts. Toutes les terres de la cité qui ont le bénéfice du *jus italicum* peuvent appartenir à leurs propriétaires « *ex jure quiritium* ». Elles sont *res mancipi* « *Mancipi sunt prædia in Italico solo tam rustica, qualis est fundum, quam urbana* » : tous les modes d'acquisition du droit civil romain leur sont applicables. Elles peuvent être acquises par la *mancipatio* ou l'*in jure cessio* : elles sont usucapées aux mêmes conditions et par les mêmes délais que les immeubles situés en Italie. Elles peuvent être revendiquées comme les fonds Italiques. Quant à l'exemption d'impôt, elle n'est pas absolue ; néanmoins, l'assimilation au sol italique est presque complète. A l'époque d'Auguste, à qui sont attribuées les premières concessions certaines du *jus italicum*, trois impôts indirects, la *vicesima libertatis*, la *centesima auctionum*, et la *vicesima hæreditatum*, sont communs aux provinces et à l'Italie (1). Les fonds provinciaux qui jouissent du *jus Italicum* n'en sont point exempts. Ils paient aussi les *portoria*, taxe indirecte sans aucun rapport avec la condition du sol, dont l'Italie est exempte. Mais ils sont comme l'Italie affranchis de l'impôt foncier, la dîme ou le stipendium dont sont grevées les provinces.

Cette manière de voir qui est très généralement admise a été contestée. D'après Zumpt, les fonds provinciaux n'ont jamais été susceptibles de propriété quiritaire. Jamais leur sol n'a pu être mancipé ni usucapé par deux ans. La concession du *jus italicum* ne valait aux cités provinciales que deux avantages: 1° la *libertas*, c'est-à-dire le droit de s'administrer elles-mêmes, d'élire leurs magistrats et d'avoir des tribunaux; 2° l'*immunitas*, c'est-à-dire l'exemption de l'impôt foncier et de la taxe personnelle. Ainsi le *jus italicum* aurait trait au droit public; il ne toucherait en rien au droit privé, notamment à la condition du sol.

Voici les arguments de Zumpt: 1°On ne peut citer aucun jurisconsulte à l'appui du système qui donne aux cités investies du *jus italicum* le régime foncier de l'Italie. 2° Le *jus italicum* a été parfois concédé à des cités de pérégrins. Leurs habitants sont dépourvus

1. V. Mispoulet *Inst. polit. des Romains*. II. p. 260.

du *commercium*. Ils ne peuvent tenir le sol en propriété quiritaire. Ces concessions du *jus italicum*, si elles donnent au sol la qualité de fonds italiques ne se comprennent pas. Il est assez facile d'écarter ce second argument. Sans doute quelques villes pérégrines comme Arci et Libisosa en Espagne et quelques villes liburniennes ont reçu le *jus italicum* ; sans doute leurs habitants ne pouvaient être propriétaires *jure quiritium*. Mais les citoyens romains résidant en province étaient très nombreux. Mithridate n'avait-il pas donné le signal des hostilités en faisant massacrer 80.000 Romains qui habitaient l'Asie-Mineure. Ces Romains qui vivaient en province étaient souvent des publicains fort riches : la politique romaine tendait certainement à favoriser à leur profit l'acquisition des fonds provinciaux. Dès lors le droit italique conféré à des cités pérégrines avait sa raison d'être : il permettait aux Romains acquéreurs du sol d'être propriétaires quiritaires même en dehors de l'Italie. On a prétendu que toutes les cités pérégrines auxquelles était attribué le *jus italicum* avaient été colonisées : si l'on admet ce système, l'utilité du *jus italicum* est évidente.

Quant au premier argument, il n'est point exact. Sans doute le § 27 du C. II de Gaius ne saurait être utilement invoqué contre Zumpt. D'ailleurs ce texte est incomplet. Mais un passage de Frontin a une autorité toute particulière et nous fournit un argument péremptoire : « *Prima enim condicio possidendi hœc est ac per Italiam ubi nullus ager est tributarius. At si ad provincias respiciamus habent agros colonicos ejusdem juris* (par conséquent, *juris italici*) (1). » Voilà donc un jurisconsulte tout à fait compétent qui assimile de la façon la plus formelle les fonds provinciaux *juris italici* aux fonds italiques.

Nous pouvons invoquer contre Zumpt un argument que Rudorff estime décisif. Dans les colonies au-delà des mers, Auguste établit des Italiens qu'il avait dépouillés de leurs terres au profit de ses vétérans. Était-il admissible qu'on les privât, dans leurs nouvelles terres, du droit dont ils avaient la jouissance en Italie ? Auraient-ils considéré comme une compensation suffisante, après cette émigration imposée, qu'on ne leur laissât que la possession provinciale du sol occupé par eux en Afrique ou en Espagne ? Il était absolument légitime qu'on leur permit de tenir en propriété quiritaire les fonds qu'on leur partageait : le *jus italicum* qui leur fut concédé comprenait certainement la jouissance du *dominium jure quiritium*. D'ailleurs nous savons qu'il était très conforme aux habitudes des Romains d'accorder aux peuples qu'ils transplantaient des conditions favorables. C'était

1. Blume. T. I, p. 35.

une juste indemnité. Après la guerre sociale, des Latins avaient été réduits à l'état de pérégrins déditices. L'espoir de la revanche était en eux. Humiliés de leurs défaites ils étaient pour Rome un danger permanent : on résolut de les éloigner. Ils furent établis dans la Gaule Cisalpine où ils apportèrent les mœurs du Latium. Mais pour prix de leur déportation, on leur rendit le *commercium* et peut-être la capacité testamentaire. Il n'est pas vraisemblable qu'on ait procédé autrement lorsqu'on transporta les Italiens dans les possessions d'outre-mer.

Contre Zumpt nous avons l'opinion du Trekell, de Rudorff, de Marquardt : « Il faut voir dans le *Jus Italicum*, dit Marquardt, un nouveau privilège distinct de la *libertas* et de l'*immunitas*, par lequel une colonie provinciale est appelée aux droits des colonies italiques ; et comme leurs situations respectives ne diffèrent que par rapport à la propriété du sol, nous devons en conclure qu'il avait pour seule raison d'être d'étendre au territoire colonial l'application du *dominium ex jure Quiritium* (1). »

§ 3. — Quelles furent les cités auxquelles Rome accorda le *Jus Italicum*. Les fonds provinciaux susceptibles de propriété romaine ne sont ni très nombreux ni très étendus. Les textes relatifs à cette

1. Mommsen. T. VIII. p. 123. *trad.* Weiss.

difficile matière contiennent précisément des énu-
mérations de villes auxquelles ce droit était conféré. Sur ce point, il semble donc que nous puissions
avancer avec certitude.

Les villes de droit Italique en province sont généralement des colonies de citoyens Romains. Quelques
municipes et quelques cités de pérégrins ont aussi
le *jus Italicum*.

1. A l'époque des Gracques, Rome est entourée
d'une ceinture de colonies, *imperii propugnacula*, qui,
en Italie, assurent sa domination. Il n'y a pas encore
de colonies en province. En 124, *Aquæ Sextiæ*, en
118, *Narbo Martius* sont fondées. En 123 *C. Gracchus*
propose d'établir une colonie sur les ruines de Carthage. Il en est fondé un certain nombre au dernier
siècle de la république, surtout en Espagne et en
Gaule. Leur but ? C'est quelquefois de délivrer la ville
de la lie de la population, *ad exhauriendam sentinam Ur-
bis*. C'est plus souvent d'implanter dans les provinces
éloignées les coutumes Romaines. C'est surtout d'assurer la soumission des pays conquis et de couvrir
l'Italie contre les invasions : ce sont des forteresses
avancées, en pays ennemi, où l'on entret. nt des gar-
nisons permanentes. « Dans les provinces, dit M. Gas-
sonnet, la colonie était un instrument de la politique Romaine, et seule, avec ses magistrats et son

organisation municipale, elle pouvait procurer aux colonies la sécurité nécessaire ».

L'établissement d'une colonie est ordonné par une loi et depuis Sylla par un plébiscite rendu conformément à un sénatus consulte, qui institue des magistrats chargés de conduire les colons et de leur distribuer des terres, *triumviri coloniæ deducendæ et agro dividendo*. Les colons partent de Rome en ordre militaire : leur nombre varie de deux cents à six mille ; la loi spéciale a fixé ce nombre, mais il est quelquefois dépassé : C'est ce qui arriva en 123. L'emplacement de la colonie a été reconnu et déterminé d'avance : elle est fondée, tantôt sur le territoire enlevé aux vaincus, qui est devenu *ager publicus*, tantôt sur des terres achetées aux anciens possesseurs. En arrivant, le magistrat prend les auspices et trace l'enceinte de la Ville selon le rite étrusque avec le soc de la charrue. Du sol on fait trois parts : L'une est assignée aux pâturages moyennant redevance, ce sont les biens communs de la colonie ; la seconde a pour destination de subvenir à l'entretien du culte et des monuments publics, c'est le domaine public ; la troisième est attribuée aux colons, c'est leur domaine privé. Chacun reçoit généralement deux *jugera* : ce sont des *agri limitati*, c'est-à-dire solennellement partagés : la *limitatio* nécessite l'intervention de *agrimensores*, prêtres arpenteurs. En traçant

des lignes de l'Est à l'Ouest (*decumani*), et d'autres
lignes du Nord au Sud (*cardines*), ils obtiennent les
lots qui sont abandonnés aux *colons* en propriété.

On a pensé, en considérant cette limitation solen-
nelle, que la propriété des colons, c'était toujours le
dominium ex jure quiritium. Toutes les colonies en
province auraient eu le *Jus Italicum*. Cette théorie
qui est spécieuse n'est point exacte. Sans doute, le
sol des colonies en Italie est partout tenu en propriété
quiritaire, depuis la guerre sociale. En province il
en est autrement. « La condition des colonies provinciales, dit M. Garsonnet, était, légalement parlant,
très inférieure à celle des colonies italiques. » Sans
doute ces colons, inscrits sur leur demande ou d'office après tirage au sort, peuvent jouir du droit de
cité romaine (1); ils sont tout au moins des Latins.
Mais il ne faut pas confondre la condition des personnes et celle des terres : le Romain a la *civitas optimo jure*, ce qui comprend d'une part le *jus honorum
et suffragii*, droits publics dont il garde en dehors
de Rome la jouissance, sinon l'exercice ; d'autre part
le *jus connubii* et le *jus commercii* ; le Latin coloniaire
a tout au moins le *commercium*. Mais s'ils conservent en dehors de l'Italie ces droits personnels, il

1. Un texte de Cicéron indique que les colons subissent
une *capitis deminutio* : toutefois le droit de cité est accordé
aux municipes.

ne s'ensuit aucune modification nécessaire de la condition du sol qu'ils possèdent. Or ce sol est l'*ager provincialis* ; en principe il reste tel. Il peut exceptionnellement être élevé au rang du sol Italique. Mais il faudra une concession expresse du *Jus Italicum* ; à défaut de cette concession, il ne pourra être tenu même par les colons Romains en propriété quiritaire.

C'est la loi agraire de 643 qui fournit un argument au système que nous écartons. Cette loi considère les *agri assignati et delimitati*, en Italie, comme des *agri privati optimo jure* : elle en permet formellement l'aliénation par la *mancipatio* et l'*in jure cessio*, qui sont des modes applicables au seul domaine quiritaire. Donc l'arpentage solennel, dit-on, rend le sol susceptible de *dominium*. Nous lui refusons cette vertu ; certes, les colons établis en 643 sur le sol Italique ont la propriété quiritaire ; en même temps qu'une concession de terres, la loi leur accorde le *dominium* ; c'est de la loi et non de l'assignation qu'ils tiennent ce droit. En Italie, comme dans les provinces, l'arpentage solennel n'a d'autre effet que de diviser le terrain, avec la protection des Dieux. Sans doute, à l'époque de Sylla tous les colons établis en Italie sont propriétaires *jure quiritium* : ce n'est point en vertu de l'assignation, mais bien parce qu'il n'y a pas d'autre façon d'être pro-

B. 2

priétaire en Italie. Les colons établis en Gaule,
en Espagne, en Afrique, en Macédoine, sur des terres achetées ou confisquées, n'ont en dépit de toute
délimitation, que la propriété provinciale : ils occupent l'*ager privatus vectigalisque*.

Ainsi, l'assignation coloniale ne donne pas au
fonds provincial la qualité de fonds Italique. Ce qui
le démontre d'une façon tout à fait certaine, ce sont
précisément les concessions formelles du *jus Italicum* accordées aux colonies (1). Il faut bien admettre que ces concessions avaient une raison d'être ;
elles n'auraient aucun sens si l'assignation avait
donné aux colonies l'immunité et le *dominium jure
quiritium*. Elles s'expliquent fort bien si l'assignation laissait au sol colonial la qualité d'*ager vectiga-
lis*. M. Beaudoin (2) tire un argument tout aussi décisif d'un texte de Frontin déjà cité. *Prima enim con-
ditio possidendi hæc est ac per Italiam ubi nullus
ager est tributarius : sed aut colonicus, aut municipalis,
etc... At si ad provincias respiciamus, habent agros colonicos ejusdem juris; habent et colonicos qui sunt immunes ; habent et colonicos stipendiarios.* Ce texte est une
démonstration complète. D'abord en Italie il n'y a pas
d'*ager tributarius* ; sol exempt d'impôts, sol tenu en
propriété quiritaire, c'est tout un ; nous savons en

1. Dig. L. II. t. 15, f. 1, 6, 7, 8.
2. *Nouvel. rev. historique*. T. V. p. 194.

effet que depuis la guerre sociale toute l'Italie est susceptible de *dominium*. Dans les provinces au contraire il y a : 1° des colonies qui ont obtenu le *jus Italicum* ; 2° Des colonies qui ont reçu seulement l'immunité ; elles sont exemptes de tribut; mais leur sol reste soumis au droit commun de la province ; 3° des colonies stipendiaires qui paient le tribut et dont le sol est *ager provincialis*.

Dans cette discussion, Mommsen prend un parti intermédiaire. « Il est absolument certain, dit-il, que le territoire de Carthage reçut le *dominium ex jure quiritium*, car il devint propriété privée de citoyens Romains. Rudorff est en ce sens : c'est cette condition qui plus tard est appelée *Jus Italicum*. C'est bien plus tard que les jurisconsultes trouvèrent que le peuple pouvait donner aux citoyens une terre avec le droit pérégrin. » Ainsi il distingue selon les époques : primitivement on ne concevait pas en province de colonie, sans que le sol fût attribué aux colons en propriété quiritaire. C'est plutôt une affirmation qu'une démonstration. Sans doute le sol de Carthage devint la propriété des colons ; mais cette propriété était elle le *dominium* ?

II. — Toutes les colonies n'ont donc pas reçu le *Jus Italicum*. Est-ce à dire qu'il n'ait été accordé qu'à

---

1. *De agro publico*. C. I. L. Marquardt, t. VIII, p. 455. Trad. Weiss.

des colonies ? Nous ne le pensons pas. En province
il y a des municipes et des cités pérégrines. Les
municipes sont des villes privilégiées : elles ont parfois le droit des villes de citoyens Romains. César
concède le droit de cité à Gadès et à d'autres villes
espagnoles ; Octave accorde le même traitement à un
grand nombre de villes. D'une part, ces villes privilégiées ont une organisation municipale : elles ont
des justices civiles et criminelles, des assemblées de
citoyens, un sénat, des magistrats élus, duumvirs,
triumvirs, édiles, questeurs. D'autre part, les habitants, indépendamment des droits publics qu'ils
exercent dans leur ville, ont le *connubium* et le *commercium*. Si telle est la condition personnelle des habitants et s'ils jouissent de la *civitas optimo jure*,
pourquoi leur sol ne pourrait-il être élevé au rang
du sol Italique. « Les municipes sont semblables aux
colonies, dit Walter (1) : toutefois celles-ci ont la pré-
séance ». Dans les provinces, il y a aussi des municipes et des colonies dont les habitants n'ont pas la *civitas*, mais seulement le *jus Latii*. Il y a des municipes mixtes qui contiennent des Romains et des Latins : à cette catégorie appartiennent Malacca et
Salpensa. Peut-être ont-ils le *Jus Italicum*.

1. Walter. Histoire Romaine t. 1. p. 478.

Enfin il semble que le *Jus Italicum* a été accordé même à des cités pérégrines. M. Beaudoin le conteste. « La concession du *Jus Italicum* à une cité de pérégrins n'eut servi à rien ; cette concession ne peut avoir un sens et une utilité que si elle est faite à une ville Romaine ou à une ville latine. » Nous avons vu que le sol provincial est souvent possédé par des Romains ; si la concession du *Jus Italicum* à une cité pérégrine ne peut servir à ceux de ses habitants qui sont pérégrins, elle est du moins fort utile à ceux qui ont le droit de cité Romaine. Dans les colonies il y a presque toujours à côté des colons Romains un groupe important de pérégrins : lorsque le *Jus Italicum* est accordé à la colonie, les premiers seuls sont aptes à être propriétaires quiritaires. Nous concevons fort bien le même situation dans les villes pérégrines. D'ailleurs Pline nous apprend que le *Jus Italicum* fut accordé aux villes d'Illyrie et il ne nous dit point que ce fussent des colonies Il est même absolument certain que certaines villes libres fédérées ont reçu le *Jus Italicum*. Erckel nous donne la liste de ces villes : il en compte douze, parmi lesquelles on peut citer Alexandria Troas, Laodicée, Béryte, Parium et Tyr. Or, les cités fédérées étaient toujours des villes pérégrines.

En résumé, il y a en province, quelques villes dont le territoire est susceptible de *dominium ex*

jure Quiritium. Ces villes sont généralement des colonies, quelquefois des municipes, ou même des
cités pérégrines. Elles doivent la condition privilégiée de leur sol à la concession expresse du *Jus Italicum*, qui assimile ce sol au territoire de l'Italie.

CHAPITRE II.

AGER PRIVATUS JURE PEREGRINO.

Les peuples d'Italie que Rome avait reçus *in fidem et amicitiam* entraient dans la ligue des villes qu'elle dirigeait. Ce système fut écarté lorsqu'elle étendit sa domination sur les provinces. Il semble qu'elle ait hésité à devenir une puissance en dehors de l'Italie. Le traité de 513 avec Carthage lui donnait la Sicile. L'influence romaine s'y établit sans violences : point de confiscations, point d'impôts écrasants ; le sol laissé à ses possesseurs anciens ; l'autonomie accordée à la plupart des villes. « A la propriété foncière, dit M. Mommsen, il ne fut point touché. On n'avait pas imaginé encore cette maxime des siècles postérieurs que toute terre non italique devient la propriété privée du peuple romain. » Après avoir vaincu les Macédoniens, Flaminius fait lire aux jeux Isthmiques le décret qui accorde l'indépendance aux cités helléniques. Le Sénat suivit la même politique de modération et de prudence en Illyrie, en Macédoine et en Asie.

Ainsi, après la conquête des premières provinces,

Rome avait laissé aux villes leurs lois et leur territoire. Cette condition favorable était le droit commun de la province. Mais à une époque postérieure,
peut-être au temps des Gracques, le principe chan-
gea. On s'habitua à considérer le territoire des sujets comme compris dans les domaines de Rome et
les villes soumises à l'arbitraire du préteur. Toutefois, on ne pouvait dépouiller de leurs anciens privilèges les villes entrées jadis dans l'alliance de
Rome, et restées fidèles à son amitié; de même, il
était difficile de révoquer sans motifs les chartes de
liberté accordées spontanément à d'autres cités pérégrines. On retrouve aux derniers siècles de la République et aux premiers siècles de l'Empire des
civitates libera et immunes, les unes *cum fœdere*, les
autres *sine fœdere*. Mais elles jouissent d'un droit
d'exception et on tend à les abaisser au niveau des
autres villes de la province.

§ 1. — Nous distinguons les villes libres, fédérées,
des villes libres sans traité. Les premières ont une
condition supérieure : le traité est un acte de souverain à souverain ; ses clauses, en droit, ne peuvent
être modifiées que du consentement des deux parties ; en fait, il n'y sera point touché si les contractants se soumettent aux obligations qu'ils se sont
imposées. Les villes fédérées ont donc le bénéfice

d'une situation stable et sûre. D'ailleurs, les traités avec Rome ne sont point conçus suivant un même modèle ; quelquefois ils assurent aux villes un état tellement avantageux qu'elles refusent le droit de cité romaine (Héraclée). Souvent Rome leur impose les clauses d'un *fœdus iniquum*. En général, les villes *fœderatæ* sont en possession de la pleine souveraineté avec ses conséquences : elles ont une organisation municipale, une assemblée du peuple, un sénat et des magistrats 'lus ; leur juridiction s'étend non seulement aux habitants, mais encore aux citoyens romains qui se trouvent dans la ville. Elles jouissent de l'autonomie législative ; elles ont une administration financière, le droit d'établir des douanes et de battre monnaie. Elles ont le *jus exilii* et le droit de paix et guerre, à moins qu'une clause expresse d'un *fœdus iniquum* ne les en ait privées. Elles doivent seulement à l'Etat romain les prestations que le traité a mises à leur charge : elles se sont engagées souvent à fournir un vaisseau et son équipage. Rome peut aussi leur demander une certaine quantité de froment, mais elle doit en rembourser le prix. Les Mamertins sont tenus de vendre au peuple romain 60,000 boisseaux de blé : *Tritici modium LX millia empta populo romano dare debebant et solebant.* Cicéron reproche à Verrès de n'avoir pas exigé les prestations déterminées par le traité. *Navem imperare, ex fœdere, debuisti ; remisisti in triennum ; militem nullum unquam poposcisti per tot annos* (1). Plus loin : *Navem populo romano debeantne ? Fatebantur. Quid militum aut nautarum per triennum dederint ?* Les contingents des *socii exterarum nationum* constituent la troisième partie de l'armée romaine. Ils viennent après les auxiliaires italiens.

A côté des cités fédérées et dans une situation moins bonne il y a les cités *liberæ et immunes*. Leur infériorité tient précisément à ce qu'elles n'ont pas de traité : elles doivent leur liberté à un acte unilatéral et spontané du peuple Romain. Cet acte est tantôt une loi comme à Termessus, tantôt un sénatus-consulte comme à Thisbæ ou à Thermæ, tantôt comme à Phocée un décret du général, confirmé plus tard par le Sénat et le peuple. Quelquefois c'est une charte spéciale ; d'autres fois, c'est l'acte d'organisation de la province. Cette concession est en principe révocable et soumise au bon plaisir de Rome ; en fait, la situation de ces villes est assez stable. L'exemption d'impôt n'est pas nécessairement liée à la liberté ; le plus souvent les communes libres paient un tribut. Ainsi, en 167, on accorde aux Illyriens l'indépendance. On décide *non solum liberos etiam immunes fore* ; mais on laisse à leur charge la moitié de l'impôt qu'ils

1. Cic. *In Verr.* II, 4, 9.

payaient à leurs rois. Les Macédoniens sont traités
de même. Les villes Siciliennes, Centorbe, Ségeste,
Halèse, Panorme, Halyciensis sont *liberæ et immunes
sine fœdere*. L'immunité, l'exemption d'impôt est
donc quelque chose de plus que la liberté. D'ailleurs
l'immunité ne dispense pas des contributions extraordinaires, des fournitures de grains et du contin-
gent militaire. Les villes libres ont l'autonomie, le
pouvoir législatif, des juridictions, le droit de monnaie et quelquefois le droit de paix et de guerre ;
elles peuvent établir des douanes de terre ou de mer
sur leur territoire. Sans doute l'acte de l'État romain qui leur donne la liberté détermine les traits
principaux de leur constitution et elles ne peuvent
toucher à cette loi fondamentale. Mais leurs affaires
publiques ne peuvent être réglées par des lois postérieures émanées de Rome. En résumé, ces villes font
partie de la confédération militaire romaine, mais,
à proprement parler, elles ne font pas partie de l'empire. *Cum populis liberis et cum fœderatis et cum re-
gibus*, dit Ælius Gallus, *postliminium nobis est ita uti
cum hostibus*.

§ 2. — Quel est le droit des villes libres ? Le traité
des cités fédérées et la charte de liberté des autres
villes leur accorde toujours la jouissance de leurs
lois nationales. Nous en trouvons de nombreux

exemples: Le sénatus consulte de 673 dispose pour les habitants de Chio, « ὅπως νομοις τε και ἔθεσιν και δικαιοις χρωνται ἃ ἐσχον ὅτε τῇ Ῥωμαιων φιλιᾳ προσηλθον. » Le plébiscite de 683 relatif à Termessos: *Ei... legibus sueis ita utunto, itaque icis omnibus sueis legibus Thermensis majoribus Pisideis ut utei liceto, quod adversus legem non fiat.* Tite-Live : *Locrensibus libertatem leges que suas populum R. Senatumque restituere.* Trajan à Pline, *Legibus ipsorum quibus* (Amiseni) *beneficio fœderis utuntur.* Les villes libres ont donc le droit de vivre selon leurs lois propres : *Suis legibus uti.* Elles ont le droit de modifier cette législation à leur guise, suivant les formes établies par leur constitution.

Ainsi, les villes libres sont souveraines et conservent leur droit. Elles ont la propriété publique, ou la propriété privé dérivée de la propriété publique du sol enfermé dans leurs limites (1). Ce sol n'est pas romain, mais pérégrin. Il n'est pas tenu en propriété quiritaire, mais en propriété conçue selon les traditions locales et organisée par le droit de la cité. Les lettres de liberté se réfèrent souvent à ce droit foncier local : les textes rédigés en langage rigoureux évitent la formule usitée pour la propriété Romaine, *eorum esse*, et se servent de la formule employée pour la propriété pérégrine, *habere possidere.* En 586

---

1. Mommsen, VI, p. 317. Trad. Girard.

sur la demande des Thisbéens au sujet de la propriété privée: περιχωρας, οἰκιων και των ὑπαρχοντων αὐτοις, le sénat répond : οὐ ποτε τι γεγονεν ὁπως τα ἑαυτων αὐτοις ἐχιν ἐξῃ. Le plébiscite de Termessos : *Quei agri, quæ loca ædificia publica privatave Thermensium, intra fineis eorum sunt fueruntve, quæque insulæ eorum sunt, fueruntve, uti antea possideant.* César: *Nervios Cæsar suis finibus atque oppidis uti jussit*(1). Tite-Live: *Urbem agrosque et suas leges iis restituit .Emilius* (aux Phocéens) (2). L'État romain n'a aucun droit, aucun domaine éminent sur ce sol qui est en quelque sorte en dehors de l'empire. Le droit des villes libres de province, d'après M. Pernice est caractérisé comme une possession et un usufruit par les jurisconsultes romains. Ils veulent exprimer qu'elles n'ont point le domaine quiritaire ; mais ce n'est point une possession fragile : c'est un droit analogue à la propriété. Citons encore M. Karlowa : « Le sol des *civitates fæderatæ* est susceptible de la pleine propriété d'après le droit de la cité. »

§ 3. — Il serait intéressant de savoir comment la propriété privée était organisée par les lois locales, quels étaient ses modes d'acquisition, quels droits réels étaient admis, quelle était la procédure

1. Cæs., B. G. II. 28.
2. Liv. XXXVII. 32.

de revendication. Il nous reste peu de monuments
relatifs aux institutions foncières locales qui ont
survécu à l'alliance romaine. Les jurisconsultes
Romains s'occupaient du droit foncier des Romains ;
ils constataient qu'en province certains territoires
privilégiés avaient le droit quiritaire avec le *Jus
Italicum*. Ils s'inquiétaient peu des législations particulières des autres cités provinciales ; ils tendaient
à édifier la théorie du domaine éminent de l'État
romain sur tout l'*ager provincialis* ; les prétentions
des petits États à l'autonomie devaient sembler un
peu ridicules, en face de la puissance romaine et
leurs traditions tout à fait négligeables. Exclusivement pratiques, les jurisconsultes ne s'intéressaient
guère aux législations étrangères : cependant ils ont
emprunté l'hypothèque aux coutumes helléniques. Ils
auraient pu faire leur profit du système de transcription usité en Grèce, que des inscriptions du deuxième et du premier siècle avant notre ère nous font
connaître. Dans la plupart des cités grecques, la loi
avait pris des mesures pour assurer la publicité
des droits réels. En général, on transcrivait sur une
stèle de marbre un extrait des contrats emportant
translation de propriété. Cette transcription s'appe-
lait αναγραφη et complétait la translation en la ren-
dant opposable aux tiers.

Un inscription trouvée à Tenos, et publiée par

Bœckh dans le *corpus inscriptionum græcarum* nous
donne des détails intéressants sur ces transcriptions.
A Tenos, trois magistrats, les astynomes étaient chargés
d'en tenir les registres et d'admettre ou de rejeter les
actes présentés à la formalité. Les actes de Tenos donnent les noms du vendeur, de l'acheteur et les noms
de leur père. Ils constatent la présence du tuteur,
requise si le contractant est un mineur ou une femme. Ils mentionnent, en outre, l'intervention de tiers
qui donnent à la vente leur consentement et leur
approbation ; il est probable que ce sont des créanciers hypothécaires qui viennent se désister de
leurs droits ; enfin, très souvent des cautions soli-
daires, πραττηρες, s'obligent à garantir l'exécution du
contrat. L'acte de transcription contient la désigna-
tion de l'immeuble vendu ; il indique sa situation et
les noms des propriétaires voisins ; enfin il fait connaître le prix de vente et la date de la transcription.
A Amphipolis, à Amorgas des inscriptions analogues
ont été trouvées. A Athènes, d'après Théophraste,
on affiche le projet de vente au lieu où siège le magistrat. Pendant soixante jours, les tiers peuvent faire
valoir leurs droits sur l'immeuble. Ce délai écoulé,
l'acheteur paye l'impôt du 100° denier et devient
propriétaire définitif. C'est aussi à Athènes qu'existait l'usage de planter des bornes pour donner publicité aux hypothèques et aux charges qui grèvent

la propriété. Mais cet usage semble avoir disparu
à l'époque où les Romains pénètrent en Grèce (1).

L'hypothèque en Grèce a été imaginée pour éviter
les inconvénients du gage immobilier sous forme
de vente avec pacte de rachat ; jusqu'à l'échéance
le créancier n'a qu'un droit de suite ; à l'échéance,
le créancier non payé peut saisir l'immeuble hypothéqué ; mais il n'est pas obligé de le vendre pour se
payer sur le prix ; il a le droit de l'occuper et de
le garder en paiement quelle qu'en soit la valeur. Le
débiteur avait un moyen d'éviter la main-mise du
créancier, il pouvait se libérer en contractant un
nouvel emprunt ou vendre lui-même et déléguer le
prix. Une loi d'Éphèse, de 87 avant J.-C. nous montre
cette législation hypothécaire en pleine vigueur. La
guerre avec Mithridate vient d'éclater : les circonstances exigent des mesures extraordinaires : il faut,
au prix de tous les sacrifices, résister à l'ennemi commun. On fait appel à la concorde. On permet aux exilés
de rentrer dans la ville. La loi remet leurs dettes
aux débiteurs chirographaires de l'État. Quant aux
débiteurs hypothécaires, ils restent tenus ; toutefois
le cours des intérêts est suspendu jusqu'à ce que les
affaires publiques soient rétablies. Trois ans plus tard,
en 84, une nouvelle loi intervient à Éphèse : les dé-

1. Dareste. *Inscriptions hypothécaires en Grèce.*

biteurs hypothécaires ont été autorisés *durante bello*, à conserver la jouissance de leurs fonds. La guerre terminée, on rentre dans le droit commun. Dès lors les débiteurs hypothécaires qui n'ont pu, pendant la guerre, réunir les capitaux nécessaires pour payer leurs dettes vont être expropriés en masse. L'intervention du législateur s'impose. La loi décide que les débiteurs hypothécaires de bonne foi et les cautions hypothécaires pourront se libérer par l'abandon de partie de leur immeuble, estimé d'après son état et sa valeur au moment de l'emprunt. Ce bénéfice est refusé aux débiteurs hypothécaires des mineurs et des femmes et à ceux qui ont emprunté après la cessation des hostilités. Cette loi de 84, qui est une loi de circonstance, déroge au droit commun qui autoriserait le créancier à se mettre en possession de l'immeuble entier (1).

Philostrate nous montre le rhéteur Proclus arrivant au Pirée le jour où la maison d'un de ses amis d'Athènes va être mise aux enchères publiques pour le paiement d'une dette hypothécaire de dix mille drachmes. Proclus arrête la vente en payant pour son ami. Ici, le créancier ne se met pas en possession, mais fait vendre. La législation d'Athènes différait-elle sur ce point de celle d'Ephèse ? Le droit d'exécution s'était-il modifié ? Etait-il simplement inter-

1. Dareste. *Loi d'Ephèse.*

B.   3

venu, dans cette espèce particulière, une convention
entre le débiteur et le créancier ? Nous l'ignorons.
Nous savons seulement que le fait rapporté par
Philostrate se place à l'époque romaine.

Nous connaissons mal le droit foncier des villes
libres dans les autres parties de l'empire. Nous savons qu'à l'époque de César, les Gaulois n'ont pas
la notion de la propriété individuelle du sol. Chaque
peuple a sur son territoire un droit analogue à celui
du peuple romain sur l'*ager publicus* : les particuliers détiennent à titre précaire le sol de la cité.
L'émigration des Helvetii est inconciliable avec la
propriété individuelle du sol. L'assemblée générale
décide que toute la population (263.000 personnes)
ira s'établir à l'autre extrémité de la Gaule sur les
bords de l'Océan : ce n'est point la contrainte qui
les chasse, mais le désir de terres plus fertiles.
« Se figure-t-on, dit M. d'Arbois de Jubainville, une
semblable mesure votée par un conseil général. L'at-
tachement du propriétaire pour le lambeau de terre
qu'il possède serait un obstacle insurmontable ».
En outre nous voyons les Ædui abandonner une
partie de leur territoire aux Boii qui entrent dans
leur clientèle. Cette concession du sol à une tribu
étrangère suppose que les Ædui ne connaissent point
la propriété privée. Mais il semble que les institutions
Gauloises aient disparu après la conquête Romaine :

Il y a peu de villes libres en Gaule. Les tribus qui, comme les Nerviens, les Eduens et les Tectosages ont conservé leur législation et leur autonomie, ont sans doute renoncé bien vite à leurs coutumes nationales. Les Gaulois, d'après César, sont avides de connaître les mœurs étrangères ; ils ont un remarquable esprit d'assimilation : la civilisation et le droit de Rome pénètrent rapidement en Gaule ; la propriété individuelle se substitue partout à la propriété de la commune qui est un mode inférieur d'exploitation du sol. Les Gaulois sont récompensés de leur docilité à accueillir les idées romaines : on leur concède de bonne heure le droit de cité. César l'a octroyé aux populations de la Narbonnaise. Claude l'accorde aux Ædui, Othon aux Lingones, Hadrien « *Latium multis civitatibus dedit*.

La situation politique de la Sicile et ses rapports avec l'État Romain nous sont fort bien connus grâce aux plaidoyers de Cicéron contre Verrès. En Sicile il y a deux villes fédérées et cinq villes libres. Mais les détails nous manquent sur leur droit privé. Cicéron remarque en passant une particularité de la législation de Ségeste : *Commercium in eo agro nemini est.* La loi exige une condition de capacité spéciale pour être propriétaire de son territoire : il faut être citoyen de Ségeste.

La loi d'Antioche établit un privilège sur les biens

du débiteur décédé. En résumé, les *civitates liberæ et immunes* conservent leurs institutions et leur droit foncier local, après la conquête romaine : toutefois ce droit paraît être tombé assez rapidement en désuétude.

CHAPITRE III.

LES FONDS PROVINCIAUX. AGER STIPENDIARIIS DATUS
ADSIGNATUS. AGER A CENSORIBUS LOCARI SOLITUS.

Après la conquête des premières provinces, Rome
accorde aux sujets déditices ce que Mommsen appelle l'autonomie tolérée. Elle ne peut leur donner
ses lois ni leur octroyer son régime. Elle laisse aux
villes leur constitution parfois modifiée dans un sens
oligarchique. Cicéron constate que les Siciliens ont
conservé la jouissance de leurs lois. *Siculi hoc jure
sunt ut quod civis cum cive agat domi certet suis
legibus.* L'idée romaine est facile à découvrir. On
ne veut point créer une administration compliquée ;
on conserve l'organisation existante. D'un autre
côté, on veut que la domination romaine soit lé-
gère aux citoyens des villes dépendantes. Pour éviter leur hostilité, pour gagner leur sympathie, pour
édifier l'empire sur le consentement du monde, on
respecte leurs habitudes nationales. Nous trouvons
dans l'historien Josèphe quelques exemples caracté-
ristiques de cette modération à l'égard des vaincus.
Les Juifs ont opposé aux Romains la résistance la

plus opiniâtre : la Judée est à peine pacifiée et déjà
ses gouverneurs respectent avec un soin scrupuleux
les coutumes du pays. On punit de mort les soldats qui ont déchiré la loi Juive. Ponce Pilate aux
fêtes de la Pâque, conformément aux usages natio-
naux, accorde au peuple la grâce d'un homme : le
meurtrier Barabbas est mis en liberté. Enfin, on
cache d'un voile les statues Romaines pour éviter
au peuple la vue des dieux ennemis. Les institutions Helléniques, jusqu'aux derniers temps de
l'empire, sont tenues en considération. En apparence
rien n'est changé. Les vaincus payent les mêmes
impôts ou des impôts moindres. Il semble, à lire
Cicéron, que Rome ait eu, avant tout, le souci de
s'attacher les peuples soumis. Il vante cette politique adroite : *Majores voluerunt eorum animos non
modo lege nova, sed ne nomine quidem legis novo com-
moveri.* Et quels reproches il adresse à Verrès qui
n'a point suffisamment tenu compte des institutions
de la Sicile ! Toutefois on n'accorde pas aux déditices
la restitution de leurs lois, que mentionnent expressément les traités avec les villes libres et les chartes des villes fédérées. On se contente de ne pas les
retirer. C'est une tolérance essentiellement provisoire. D'autre part le préteur ou le président, en
province, a l'*imperium* et la *jurisdictio*. Au début, il
a moins de rapports avec les individus qu'avec les

municipalités ; mais il tend à devenir le juge de droit commun en matière civile et criminelle, en première instance dans les litiges où figurent des Romains, en appel dans les procès entre pérégrins. Il exerce, au-dessus des villes, le pouvoir législatif; son édit, l'*edictum provinciale*, consacre ou modifie la législation de la province.

Les cités déditices, avec l'autonomie tolérée, conservent-elles leur droit foncier? Le sol est-il laissé aux anciens propriétaires avec la propriété telle qu'elle existait avant la conquête. Cette question soulève de graves controverses. Nous exposerons la théorie communément admise : elle attribue à l'Etat un domaine éminent sur le fonds provincial. Nous développerons ensuite le système de Mommsen: il distingue selon les époques. Enfin nous nous efforcerons de critiquer ce système et de préciser les solutions, en distinguant d'après la nature des droits concédés aux possesseurs du sol.

§ 1. *Théorie du domaine éminent.* — Elle se fonde sur un texte célèbre de Gaïus. *In provinciali solo dominium populi est vel Cæsaris, nos autem possessionem tantum vel usum fructum habere videmur*(1). Elle s'attache rigoureusement à la lettre de ce texte ; inspirée

1. Gaïus. Com. II, 7.

parles souvenirs du droit féodal, elle admet une sorte de morcellement juridique du domaine : les possesseurs du sol ont les profits utiles ; l'Etat a le domaine éminent. Dans les provinces de l'empereur, le véritable propriétaire, c'est César ; dans les autres provinces, c'est le peuple (1). « Le sol des provinces, dit M. Willems est en droit *ager publicus*. » L'*ager publicus* s'étend sur tout le monde connu des anciens en exceptant l'Italie, les fonds provinciaux investis du *jus italicum* et le territoire des cités fédérées ou libres. « L'Etat, dit M. Accarias, garde toujours un droit supérieur, un *dominium*, avec sinon la pleine réalité, du moins le titre et les prérogatives.» Cette théorie est résumée par M. Bernier.

Quel est l'intérêt de ce domaine éminent (*dominium*) que retient l'Etat. D'après M. Accarias 1° il permet les confiscations sans indemnités. L'Etat est propriétaire du sol; les individus, qui occupent la terre, peut-être depuis de longues années, qui l'ont peut-être améliorée, ne sont que détenteurs. Si l'Etat veut en prendre possession, il commettra un acte absolument arbitraire en fait, rigoureusement légitime en droit. Il peut juridiquement se dispenser de toute procédure d'expropriation. 2° Le domaine éminent de l'État justifie le vectigal. Depuis la guerre

---

1. V. Aussi Suétone : *Octave.* Gaïus, II, 21.

de Macédoine, le sol Italique ne paye plus l'impôt
foncier ; les fonds provinciaux doivent le *tributum*
ou le *stipendium* : Ils sont *agri vectigales*. Dans la doctrine que nous exposons, ces taxes ne sont point per-
çues en vertu des droits souverains de l'État, mais
en vertu de son droit de propriété supérieure ; elles
sont le loyer du sol dont l'État abandonne la jouissance aux particuliers ; elles sont, pour employer
les expressions de nos anciens coutumiers, des prestations récognitives du domaine direct (*dominium*)
de l'État ; elles ne sont point l'impôt foncier, qui
ne se perçoit plus en Italie et n'a jamais été établi
sur les provinces. On reconnaît d'ailleurs, qu'en
fait elles équivalent à de véritables impôts sur le
sol provincial.

Cette théorie du *dominium* de l'État sur le fonds
provincial se concilie avec les principes et
les textes. Primitivement le droit de la guerre est
d'une rigueur sans limites. Les vaincus qui se ren-
dent à discrétion appartiennent au vainqueur. Il
peut les mettre à mort. C'est, Gaïus l'indique, une
pure faveur s'il se contente de les vendre comme
esclaves. La ville qui est prise d'assaut ou qui capi-
tule est détruite ; les meubles appartiennent, par
droit d'occupation, aux soldats de l'armée victo-
rieuse. Cette théorie ancienne est encore exposée
par Gaïus : *Item quæ ex hostibus capiuntur jure gen-*

tium statim capientium fiunt. Le peuple vaincu étant détruit, quel est le sort de son territoire? Il appartient à l'État que favorise la fortune des armes. Il est confisqué à son profit, réuni à *l'ager publicus. Publicatur ille ager qui ex hostibus captus sit.* C'est encore un simple tempérament d'humanité ou de politique, si, après avoir épargné les personnes, on leur rend une partie de leurs terres ; et il est absolument légitime que l'État conserve un droit supérieur, reconnu par des prestations ; cette conception théorique est consacrée par des textes. D'abord le passage de Gaïus que nous avons indiqué ; puis le fragment de Théophile : *Verum dominium apud populum erat aut apud Cæsarem* (1).

§ 2. — Pourtant cette doctrine logique et respectable par l'autorité de ceux qui la soutiennent a été attaquée. Savigny a émis un doute sur la réalité de ce domaine éminent : « Le domaine éminent, dit-il, n'était qu'une fiction imaginée par les publicistes pour expliquer l'impôt foncier; il n'avait aucune existence réelle, comme cela paraît prouvé par Cicéron » (2). Le texte auquel Savigny fait allusion est un passage de *l'oratio in Verrem* : « *Et quasi quædam prædia populi Romani sunt vectigalia nostra atque provin*

1. Theo. L. II. T. 1. § 40.
2. Thémis. 1830, p. 227.

ciæ (1) ». Les nations tributaires et les provinces sont *en quelque sorte* le domaine de la République. Le mot *quasi* indiquerait qu'il n'y a là qu'une fiction.

Mommsen a imaginé une théorie nouvelle. Le principe du domaine éminent se serait édifié lentement. Inconnu à l'origine, il existait à l'époque des jurisconsultes classiques. En d'autres termes les Romains auraient suivi deux systèmes à l'égard des provinces, le plus ancien laissant au déditices leurs lois et leur sol, sous réserve d'un tribut, le plus récent admettant au profit de l'État romain un droit supérieur sur le sol provincial.

Il est certain qu'après la conquête des premières provinces, les Romains n'ont point dépouillé les propriétaires fonciers. Ils se sont substitués aux anciens rois du pays; ils ont perçu, au même titre qu'eux, la dîme qui leur était payée. Cet impôt n'était nullement fondé sur la propriété du sol; les terres restaient aux anciens possesseurs avec le même droit qu'ils avaient avant la conquête. « A la propriété foncière, dit Mommsen au tome III de son *Histoire Romaine*, il ne fut point touché. On n'avait point imaginé encore cette maxime des siècles postérieurs que toute terre non italique conquise par les armes devient la propriété privée du peuple romain. » — Ce

1. Cic. In Nerr. II.

système, d'après M. Mitteis, est en parfaite harmonie
avec le système suivi jusqu'alors en Italie : c'est une
règle antique que l'on ne comprend dans l'*ager publicus* que le territoire des villes prises d'assaut.
Remarquons en effet que dans certains cas exceptionnels l'État s'empare du sol. Ainsi, le territoire de
Léontium en Sicile est confisqué, réuni à l'*ager publicus*; désormais les cultivateurs le tiennent non
plus à titre de propriétaires, mais à titre de locataires. On fait entrer dans le domaine public les territoires de Corinthe, de Carthage, de Numance ; c'est le
châtiment d'une résistance opiniâtre ; il accompagne
la destruction de la ville. D'autres cités perdent le
tiers de leur sol ; les Boïens doivent en abandonner
la moitié. Enfin les biens domaniaux des rois de Syracuse, de Macédoine, de Pergame et de Cyrène deviennent propriété foncière de l'Etat romain.

Un peu plus tard, ce qui était l'exception était devenu la règle générale. Le système nouveau, d'après
Mommsen apparaît vers le milieu du septième siècle
de Rome. Caïus Gracchus, pour ébranler la puissance
du Sénat, veut gagner le concours des chevaliers, de
l'aristocratie financière. Il fait décider que tous les
impôts de la province seront affermés à Rome ; cette
mesure provoque la formation d'une société colos-
sale de publicains. En même temps il fait établir des
taxes fort lourdes sur la province d'Asie, la dîme

foncière, les douanes (*portoria*) et l'impôt de dépais-
sance (*scriptura*). Il justifie ces impôts, d'après Mommsen, en revendiquant pour Rome la propriété du
sol provincial. Les charges nouvelles dont il grève la
province sont les revenus de ces immenses domaines de la République qui comprennent maintenant
les champs, les prairies et les côtes maritimes sans
distinguer les propriétés privées des anciennes propriétés royales.

Dès lors le *dominium* de l'État sur le sol provincial est admis. Le texte de Gaïus se réfère à cette
idée nouvelle. D'ailleurs elle n'est point en contra-
diction avec les principes reçus dès la plus haute
antiquité. Elle se fonde exactement sur la dédition :
Tite-Live nous rapporte des formules bien explicites.
« *Deditis ne vos populumque, urbem agros aquam ter-
minos delubra ustensilia divina humanaque omnia in
meam populique Romani ditionem? dedimus* (1) ». Cette
formule consacre expressément l'abandon du sol: la
dédition entraîne le transfert de la propriété du territoire au nouveau maître. L'ancien système n'avait
point tiré du droit toute sa rigueur ; le système nouveau, écarte un état de faveur et purement transitoire ; il établit en fait une organisation précise, logique et conforme au droit.

1. Liv. I, 38.

Mais l'État propriétaire ne cultive pas lui-même son domaine immense. Quel est le mode d'exploitation des terres ? En Italie, l'État concède en pleine propriété l'*ager publicus*. Dans les provinces, il en est autrement, d'après Mommsen : sans doute aucun obstacle, en droit, ne s'oppose à la transformation du *dominium* de l'État en propriété privée romaine. En fait la propriété provinciale de l'État reste inaliénable : le Sénat évite de vendre et d'assigner les champs ; les concessions du sol ne donnent point la propriété quiritaire, mais la possession héréditaire compatible avec la propriété de l'État. Le Sénat obéit a une double considération, politique et économique : « le but politique poursuivi est apparent ; le Sénat voulait mettre un frein légal à la formation des cités de citoyens en dehors de l'Italie et à la dénationalisation du peuple dominant... D'ailleurs, considération économique, celui qui jouit de l'*ager publicus* paie la rente du sol (1) ».

§ 3. — La théorie de Mommsen peut se résumer ainsi : 1° à l'origine, le sol est laissé en pleine propriété aux sujets provinciaux : 2° postérieurement, et depuis Caïus Gracchus, le sol provincial est assujetti au *dominium* de l'État. Pour quelles raisons

1. Mommsen. Trad. Girard. T. VI, 2e partie.

Mommsen a-t-il admis cette évolution historique ?
Il semble facile de les découvrir. D'une part, il ren-
contrait les traités passés après la conquête des
premières provinces ; ils assurent aux sujets la restitution de leur sol et une condition au moins aussi
avantageuse que celle dont ils jouissaient sous leurs
anciens maitres. D'autre part, il ne pouvait négli-
ger les textes des jurisconsultes classiques : *dominium populi vel Cæsaris.* En présence de cette contra-
diction, Mommsen a estimé qu'il y avait eu transformation. Mais à quelle époque ? Ici, d'une façon
peut-être un peu téméraire, il décide que le système
récent date du tribunat de Caius Gracchus. — Il
est dangereux d'édifier une théorie sur une loi que
nous connaissons imparfaitement. Sans doute la loi
sempronienne imposait une dime à toute la province
d'Asie ; elle assimilait l'Asie à la Sicile : il n'en résulte point qu'elle établissait le principe de la propriété de l'Etat.

La vérité, c'est qu'il n'y a point trace de cette
transformation : elle nous parait invraisemblable.
Est-il admissible que les Romains aient jamais
traité leurs sujets extra-italiques plus rigoureusement que les Samnites ou les Cisalpins, plus dangereux et plus rapprochés ? En Sicile, ils n'ont réuni
au domaine de l'Etat que les territoires conquis
après une résistance énergique. Les autres villes

payaient la dîme d'après les vieux usages siciliens.
Cicéron l'indique : il nous fait connaître la condition des provinces à une époque postérieure aux
lois semproniennes. Dira-t-on, avec M. Bernier, que
la Sicile jouit d'une condition exceptionnelle et privilégiée. C'est une pure affirmation qui ne repose
sur aucun texte. Il ne semble pas qu'elle ait jamais
été plus favorisée que la Grèce, qui fut traitée avec
de grands égards jusqu'au deuxième et au troisième
siècle de notre ère. La colonisation d'Auguste ne
distingue point entre la Sicile et les autres pays de
l'Empire. Nous devons penser que la condition des
différentes provinces a été unifiée de bonne heure.

Ainsi nous admettons qu'il n'y a pas eu d'évolu-
lution historique. Il ne semble pas que les Romains
aient eu deux systèmes successifs en province. Ils
s'en sont tenus à leur conception première à l'égard
des vaincus ; ils n'ont jamais admis que la totalité
du sol provincial fût *ager publicus populi romani*. Est-
ce à dire que nous écartons absolument la théorie
du *dominium* de l'Etat sur les fonds provinciaux ?
En aucune façon. Nous avons rencontré des textes
formels dont il nous faut tenir compte. Nous les
expliquons au moyen de distinctions : nous pensons
qu'en province, en dehors des terres investies du
jus italicum et des terres des villes libres, il y a des
domaines considérables sur lesquels l'Etat romain

n'a d'autre droit que l'impôt ; nous reconnaissons
d'autre part qu'il y a des territoires appartenant à
l'État en propriété.

Nous distinguons 1° l'*ager quæstorius* et l'*ager stipendiariis datus adsignatus*; 2° l'*ager censoribus locari solitus*.

I. A. — *Ager quæstorius*. — Les textes des *groma-
tici scriptores* rapprochent généralement l'*ager quæstorius* de l'*ager colonicus*. C'est que l'*ager quæstorius*
et l'*ager colonicus* sont des portions aliénées de l'*ager
publicus* proprement dit, converties en propriété
privée. *Quæstorii autem dicuntur agri quæ populus romanus, devictis pulsisque hostibus possedit, mandavit-
que quæstoribus ut eos venderent* (1).

L'aliénation est ordonnée par un sénatus-consulte. C'est une vente véritable : elle se distingue
nettement des concessions anciennes de l'*ager publicus* en Italie qui exigeaient l'intervention d'une
loi et étaient probablement gratuites. Elle est réalisée à Rome par l'intervention des questeurs ; leur
but est généralement de donner satisfaction aux
créanciers de l'État. Elle peut aussi être accomplie
dans les provinces sur l'ordre du général en chef,
pour remplir le trésor de guerre. Il est probable
que le contrat précise les conditions de la vente,

1. Blume. T. 1, p. 115.

Comme l'*ager colonicus*, l'*ager quæstorius* est « limité »,
mais la loi ne dit jamais de l'*ager quæstorius* qu'il
est *datus adsignatus*. Il est *emptus* ou *ex lege privatus factus*. Sa condition est très exactement définie
en ces termes : *Emptus esto et privatus vectigalisque
ita ut in hac lege scriptum est, esto* [1]. D'autre part,
l'établissement de colonie est acte de droit strict et
de droit augural ; c'est un acte de gouvernement, qui
donne naissance à une personne publique ; la colonie retient parfois la propriété des lots attribués
aux individus et il peut arriver qu'elle leur succède.
Au contraire la vente de l'*ager quæstorius* est un acte
de bonne foi qui n'appartient point au droit religieux ; les parcelles aliénées sont appelées *laterculi
plinthi* ou *plinthides*, jamais *centuriæ*. Enfin, lorsque
la colonie a reçu le *jus italicum*, les colons ont la
propriété quiritaire : les possesseurs de l'*ager quæstorius* n'ont jamais le *dominium ex jure quiritium*.

Si les acheteurs de l'*ager quæstorius* n'ont pas le
dominium, ils ont un droit tout à fait analogue à la
propriété. Ils peuvent vendre et transmettre. La loi
l'indique, *cujus ejus agri hominis privati venditio fuit*.
Les restrictions aux droits des acheteurs que l'État
avait stipulées à son profit semblent avoir disparu :
Vetustas tamen longi temporis plerumque pæne similem

1. Bruns, Lex agr. 1. 66.

reddidit occupatorum agrorum conditionem ; non tamen universos paruisse legibus quas a venditoribus suis acceperant(1). En droit, l'*ager quæstorius* doit l'impôt foncier ; en fait, il n'est pas payé. La loi ne dit point comment il serait perçu ni ce qui pourrait advenir en cas de non paiement. On oppose même l'*ager privatus vectigalisque* aux terres qui payent le vectigal.

B. — Ager stipendiariis datus adsignatus. L'*ager stipendiariis datus adsignatus*, c'est la partie la plus considérable des fonds provinciaux. Il comprend les territoires des cités déditices, qui se sont rendues sous conditions, auxquelles Rome a accordé un traitement honorable, la restitution du sol et des lois.

Ces villes payent la contribution foncière. Nous admettons néanmoins que les possesseurs du sol conservent intacts leurs droits sur les terres : l'État romain n'a aucun *dominium* sur le territoire des cités stipendiaires. Le vectigal qu'il perçoit n'est point la rente du sol. C'est un impôt. Il se comprend, comme l'impôt moderne, sans le domaine éminent de l'État. Nous espérons l'établir en étudiant son origine et ses caractères.

Nous devons insister sur la terminologie. Chez les jurisconsultes romains les expressions sont quelque

1. Blume, p. 115.

peu indécises. L'impôt, semble-t-il, au point de vue
de l'État qui le touche est le « *vectigal* » ; au point
de vue des provinces qui le payent, c'est le *stipendium* ; il se partage entre les communes soumises :
la quotité attribuée à chacune est le *tributum*. Il se
peut que les termes aient perdu leur sens étymo-
logique ; sous l'empire, d'après M. Accarias, le *stipendium* est payé par les provinces de César : le *tributum* est payé par les provinces du peuple. Nous con-
statons en fait que l'impôt en Asie et en Sicile est
un *tributum* ; dans les autres provinces un *stipendium*.

Maintenant quelle est l'origine de l'impôt foncier ?

En Sicile et en Asie, le *tributum* est perçu en nature ; c'est la dîme des produits du sol. En Sicile,
les Romains se sont purement et simplement substitués aux anciens rois du pays ; la dîme des fruits
existe depuis la plus haute antiquité au profit des
rois de Syracuse. En Asie, la dîme levée après l'occupation de la province est déterminée en quotité
et recouvrée comme au temps où la loi grecque était
en vigueur ; ainsi Rome maintient sans changements
les lois existantes en matière d'impôts fonciers.
Cette origine nous interdit de présenter le *tributum*
comme le loyer du sol. Le *stipendium* des autres provinces est, au début, une contribution de guerre levée sur le pays conquis. Les hostilités se sont ter-

minées à l'avantage des armes romaines. Toutefois les vaincus n'ont pas été soumis à l'*occupatio bellica*. Les Romains ont accordé un armistice ou la paix ; mais la suspension des hostilités a été subordonnée au paiement de contributions en argent pour la solde du corps expéditionnaire et en nature pour son entretien (*stipendium imperatum*). C'est un vieux principe que l'armée doit vivre sur le pays ennemi. Lorsque la province est définitivement organisée, cette contribution provisoire est maintenue. Il se peut que la quotité en soit augmentée. Les peuples qui perdent leur indépendance y sont soumis. Très souvent les peuples qui conservent leur liberté restent tenus au paiement du *stipendium*. peine de la défaite et prix de la victoire. Dans tous les cas, le procédé de recouvrement reste invariable et rappelle l'origine de cet impôt. N'est-il point évident qu'elle nous empêche de le considérer comme une condition de la *concessio agrorum* ?

Quels sont les caractères de l'impôt sur le sol provincial ? A ne s'en tenir qu'au langage courant, il semblerait que l'impôt est une charge réelle. On dit généralement que l'immeuble paye l'impôt. Cic. *de leg. agr.* 3 : 9, *Usque in hodiernum hæc loca pensiones pensitasse.* Celsus, f. 7, § 2 : *alimenta ab ea re relicta.* Paul. f. 13, de imp. 25, 1 :*onus fructuum hæc impendia sunt.* En Sicile et en Asie particulièrement les prestations dues sont une partie des produits du sol, *onus fructuum*. Mais cette conception n'est pas romaine ni conforme à la vérité juridique. De même si le détenteur dans notre législation, est tenu de payer l'impôt et les arriérés, si le locataire peut être actionné sans que le propriétaire soit mis en cause, il n'en faut pas conclure que l'immeuble est débiteur à la façon de nos anciennes tenures féodales, grevées de cens ou de rente foncière. Il n'y a là qu'une règle imposée par les nécessités d'une bonne administration financière. Le recouvrement de nos impôts modernes est opéré par des procédés semblables. La vérité, c'est que le *tributum* est une dette personnelle des contribuables. Les publicains auxquels la dîme est toujours affermée en poursuivent la rentrée comme s'il s'agissait d'une obligation. *Tum quod in eo agro natum erit, frumenti partem vicesimam, vini partem sextam Langenses in poplicum Genuam dare debento in annos singulos* (1) Ils ont l'action personnelle avec la formule *dare oportere* et comme voie d'exécution la *pignoris capio*. L'action s'attaque à l'avoir du débiteur « *hominibus coactis, in eorum arationes Apronius venit, omne instrumentum diripuit, familiam abduxit, pecus abegit.* » Il est manifestement inexact de comprendre cette action comme l'exercice d'un droit d'exécution sur les im-

1. Bruns, 255.

meubles; L'immeuble dont le détenteur doit l'impôt n'est pas saisi; il n'y a pas de texte indiquant qu'il soit tenu en première ligne comme débiteur de l'impôt.

Mêmes observations à propos du *stipendium* des autres provinces. Ce n'est point une charge des immeubles, c'est une dette des municipalités. Au début, contribution de guerre, puis impôt régulier, il est recouvré comme s'il n'avait pas changé de nature. Les communes se procurent des fonds au moyen d'emprunts, d'impôts sur le sol ou sur le revenu ; l'État ne s'en inquiète pas. Le partage de la province en circonscriptions financières a pour objet unique de faciliter les perceptions et la surveillance de l'État. Il n'apporte aucune modification à ses droits ni à la condition des immeubles.

Sous Auguste, une réforme considérable est entreprise. L'empereur ordonne que chaque immeuble soit mesuré, estimé et inscrit sur la matrice cadastrale. Quel est l'objet, quels sont les effets de ce recensement ? Il a pour but d'améliorer l'administration financière de l'empire et de répartir plus équitablement les impôts entre les différentes circonscriptions. D'une part, la situation de l'État ne change pas ; il n'a point de fonctionnaires préposés aux perceptions ; le recouvrement des contributions ne s'effectue point à ses risques et périls. La dette de l'impôt reste à la charge des cités. L'État n'a de

rapport qu'avec les communes. C'est aux communes
qu'il consent les remises, en temps de crises, en
cas de famine ou d'invasion. D'autre part, la réforme d'Auguste a pour effet de confondre le *tributum* et le *stipendium*, d'identifier la condition des
provinces. Les communes n'ont plus toute latitude
pour se procurer les fonds qu'elles doivent à l'État.
Désormais elles sont tenues d'exercer leur recours
contre les possesseurs du sol ; l'impôt est définitivement assis sur les immeubles. L'unité imposable est
la parcelle de terre. La quotité mise à la charge des
communes est déterminée en considérant la valeur
des propriétés de leurs circonscriptions.

Ce régime est destiné à se modifier quelque peu.
A une époque qu'il nous est impossible de préciser
exactement, probablement au IIe siècle, il semble
que l'État soit entré dans la voie de l'exploitation
en régie. On tend à établir l'impôt direct sur les immeubles. On se gard de libérer les communes des
charges que leur imposait l'ancienne organisation.
Elles répondent jusqu'aux derniers temps de l'empire
du paiement intégral des contributions. Mais il
semble qu'elles cessent d'être tenues en première
ligne. Elles jouent plutôt le rôle de cautions. L'État
agit directement sur les immeubles et demande
l'impôt à leurs détenteurs. Nous n'admettons point,
même à cette époque, qu'il ait le *dominium* sur les

immeubles imposés. La constitution 7 d'Antonin employe le langage ordinaire qui n'est point rigoureusement exact (1). Elle a pour objet de décider que celui qui possède l'immeuble doit l'impôt et les arriérés, sauf son recours contre ses auteurs. Il y a là une exigence administrative que ne désavoueraient point nos législations fiscales modernes. L'Etat a l'action personnelle contre le détenteur comme aux derniers siècles de la République. Aucun texte n'indique que son droit se soit modifié : nous ne connaissons aucune procédure analogue à celle du délaissement. La propriété de l'Etat supposerait essentiellement le droit de « déguerpir ». Quelle est donc la nature du droit de l'Etat sur les immeubles imposés ? Papinien nous le dit expressément. *Pro pecunia tributi quod sua die non est redditum,* QUO MINUS PRÆDIUM JURE PIGNORIS DISTRAHATUR, *oblata moratoria cautio non admittitur ?* (2)

L'Etat a un droit de gage. Que devient, en présence de ce texte, la théorie du domaine éminent.

Quels sont les droits de ceux qui occupent les fonds provinciaux ? Il est incontestable qu'ils n'ont pas le *dominium ex jure quiritium.* La propriété romaine n'appartient qu'aux citoyens. Or les possesseurs

---

1. *Ipsa prædia non personas conveniri.* f. 7. *de publ.* 30, 47.
1. F. 5. § 2. De cens. 50. 15.

du sol provincial sont le plus souvent des pérégrins.
En outre les fonds provinciaux ne sont pas terre romaine et la loi n'admet la propriété quiritaire que
dans les limites de l'*ager italicus*. Le droit des *sti-*
pendiarii n'est point exactement la propriété telle
que la conçoit la législation romaine. Les jurisconsultes ont cherché dans le langage juridique une expression pour le caractériser. Il n'ont pas rencontré
de termes précis. Ce n'est pas une *possessio* ; ce mot
a un sens absolument technique : il ne suppose
qu'un droit précaire. Ce n'est point un usufruit :
l'usufruit perpétuel ne se comprend pas. Il n'est
pas certain que le mot *proprietas* ait été créé pour
désigner ce droit. Les formules des modernes n'ont
pas toujours été plus exactes. Nous ne saurions admettre avec M. de Laboulaye que le droit des *stipen-*
diarii soit « un simple usage », que « leur titre soit
toujours précaire et révocable ». M. Garsonnet dit
fort bien que c'est « une propriété privée, mais non
quiritaire ». M. Rein, « un droit tout à fait analogue
à la propriété ». Nous y voyons une sorte de propriété
du droit des gens. D'après M. Accarias, elle n'est pas
organisée à l'égard des immeubles provinciaux comme
à l'égard des immeubles italiques. Mais elle n'en
existe pas moins. La condition des fonds provinciaux
est plutôt différente qu'inférieure. Les différences
existent à la surface des choses plutôt qu'au fond ;

c'est seulement dans la forme et dans la procédure qu'elles se manifestent. La propriété provinciale est incontestablement cessible entre vifs et transmissible par décès.

Les modes d'acquisition de cette propriété provinciale sont : d'une part, les modes admis par les législations locales. L'édit du préteur les constate et peut les transformer ; la première partie de cet édit, si nous en croyons Cicéron (1. se réfère au *jus provinciale*, c'est-à-dire aux lois que les Romains ont trouvées en vigueur au moment de la conquête et qu'ils ont laissé subsister. « Une législation, dit encore M. Accarias peut et jusqu'à un certain point doit consacrer l'application de lois étrangères dans les rapports des étrangers entre eux. » D'autre part, les modes *juris gentium*, énumérés par les jurisconsultes : ils s'appliquent aux *res nec mancipi* parmi lesquelles on compte, semble-t-il, les terres provinciales.

Le seul mode d'acquisition volontaire que comportent les fonds provinciaux est la tradition. C'est la translation de la possession, en vertu d'une *justa causa*, c'est-à-dire de l'intention d'aliéner chez l'une des parties, d'acquérir chez l'autre ; elle permet de réaliser tous les contrats, qu'ils soient à titre gratuit no onéreux.

1. *Ad. Att.* 5, 1, 15.

L'usucapion ne peut s'appliquer aux fonds provinciaux. C'est une institution de pur droit civil ; les choses susceptibles de propriété quiritaire peuvent seules y être soumises. Toutefois, en un certain sens, c'est une institution du droit des gens, car elle est essentielle et se rencontre chez toutes les législations qui ont organisé la propriété. Si l'on ne dispense point les possesseurs de fournir un autre titre que leur possession, si on les oblige à établir que tous leurs auteurs ont acquis par un titre régulier, c'est leur imposer une preuve impossible, les condamner à une perpétuelle incertitude. En province, l'édit du préteur était venu au secours des intérêts de la propriété. Il consacra peut-être les législations locales qui admettaient des institutions analogues à l'usucapion romaine. Il accorda partout un moyen de défense, « une prescription » à celui qui possédait un immeuble de bonne foi, en vertu d'un juste titre et depuis un certain temps. Cette prescription permettait de repousser une revendication : c'était une exception de procédure, et non, comme l'usucapion, un mode d'acquérir la propriété.

Il fallait aussi que le propriétaire injustement dépouillé pût faire reconnaître et sanctionner son droit, qu'on lui permît de revendiquer. Ici encore le préteur intervint. Il accorda au possesseur l'in-

terdit *unde vi*. Le § 302 des fragments du Vatican
nous le dit expressément : *Ex interdicto unde vi
restitui te cum tua causa videbit.* Peut-être aussi l'interdit conservatoire *uti possidetis.* En outre, une action *in rem.* Quelle est cette action ? Ce n'est certainement pas la *rei vindicatio* du droit civil. D'après
M. Bernier, qui cite un texte du Code (Loi 8, *Princ.
de præscript.*) *Si quis... posse eum etiam actionem ad
vindicandam rem eamdem habere sancimus,* c'est une *rei
vindicatio utilis.* La formule devrait être reconstituée
avec l'expression *pertinere ad* indiquée, d'après M. Pel-
lat par un fragment de Pomponius. Elle serait ainsi
construite: *Si paret illum fundum ad Aulum Agerium
pertinere,* etc. M. Bernier pense qu'une autre action, une
vindicatio finium ex æquo s'appliquant dans les provinces est indiquée par le texte de Frontin : *Et stipendiarios... possidentur tamen a privatis, vindicant tamen inter se fines ex æquo.* Nous admettons avec M.
Appleton qu'une seule action s'applique aux fonds
provinciaux, c'est la revendication du droit préto-
rien, la publicienne. C'est à la publicienne que fait
allusion le texte de Justinien (loi 8). Le mot *vindicant* du passage de Frontin convient parfaitement à
la publicienne, qui est une revendication utile. « Il
n'est pas nécessaire, dit M. Appleton, d'imaginer
une action spéciale pour revendiquer la propriété
provinciale : la Publicienne suffit. L'économie de

moyens, ce principe si connu de la procédure romaine, a dû produire l'application au sol provincial
d'un moyen déjà usité ». Il faut admettre, en effet,
que la propriété provinciale, abstraction faite de
l'impôt foncier, est de même nature que la propriété
prétorienne. Un texte de Paul (1) applique certainement la publicienne aux fonds provinciaux : « *In vec-
tigalibus et aliis prædiis quæ usucapi non possunt, Publiciana competit, si forte bona fide mihi tradita sunt* ».
Ce texte nous est parvenu sans doute corrigé par les
compilateurs. Paul avait probablement écrit « *In stipendiariis vel tributariis quæ usucapi non possunt* ».
Ces expressions ont été supprimées au fragment 12,
comme elles l'ont été au fragment (Dig. 1 princ.*Quibus modis. 7. 4*) ainsi qu'on le constate en comparant
ce texte au § 61 des Fragments du Vatican. En outre,
les lois 8 et 13 *de Publiciana in rem actione* sont tirées
du commentaire de Gaius sur l'Edit provincial (2).

Mais la publicienne est normalement donnée au
possesseur d'un immeuble italique qui est *in causa
usucapiendi*. Or le fonds provincial ne peut être usucapé. « La fiction de possession pendant le délai de
deux ans ne mènerait point le juge à la conclusion
que le demandeur est devenu propriétaire par usucapion ». D'ailleurs, il s'agit de couvrir le vice, non

1. Dig. VI. III. 12 § 22.
2. Appleton.

pas d'une usucapion inachevée, mais d'une propriété
de qualité différente. La formule est nécessairement
modifiée. D'après Huschke, l'action est *in factum
et fictice*. C'est une complication inutile et invraisemblable. Il est probable qu'on admet simplement une
fiction en vertu de laquelle le fonds revendiqué est
censé jouir du *jus italicum* : « *si italici juris esset* ».
En outre, si le revendiquant est pérégrin on lui attribue fictivement la qualité de citoyen romain.

II. — *Ager a censoribus locari solitus*. Ce sont les terres soumises au domaine éminent de l'État, plus
exactement, les terres dont l'État est propriétaire.
Elles constituent l'*ager populi Romani*. C'est à cette
portion de la province, semble-t-il, que Gaius fait allusion au paragraphe de son deuxième commentaire
« *dominium populi vel Cæsaris.* » Le *dominium* est au
peuple dans ses provinces, à César dans les provinces de l'empereur.

Quelle est l'origine de l'*ager populi Romani* en province ? Il comprend d'abord les terres confisquées à
la guerre en châtiment d'une trahison ou d'une longue résistance. En Italie, après la deuxième guerre
punique, le territoire de Capoue est réuni au domaine
public et affermé. En Sicile, Leontium subit le même
sort. Carthage et Numance sont détruites, leur
territoire confisqué. Ailleurs, Rome s'empare d'une
partie des terres des vaincus ; quelquefois des pro-

priétés royales et des biens des personnes publiques.
D'autre part, le testament d'Attale et de Nicomède
donnent au peuple Romain des royaumes entiers.
Dans les Etats unitaires d'Orient, le souverain dispose absolument des biens et des personnes ; Rome,
après la chute des anciennes monarchies, exerce les
droits du souverain : elle est propriétaire du sol.
Ces confiscations et ces acquisitions créent au profit
du peuple un domaine très considérable.

Mais c'est un propriétaire qui ne peut cultiver lui-même ses terres. Il restitue moyennant une redevance, ou mieux, il loue le sol aux anciens possesseurs qu'il a dépouillés. Cette redevance elle-même
est affermée aux publicains. Nous devons nous demander quelles sont les clauses du contrat passé avec
les fermiers de l'impôt ; quelle est la situation des
fermiers du sol.

Nous avons vu que les communes stipendiaires
se chargent elles-mêmes de percevoir l'impôt qu'elles remettent aux questeurs. Au contraire, et c'est
ici que leur condition paraît inférieure, les sujets qui
cultivent les terres du domaine, les *populi vectigales*,
sont livrés aux publicains, fermiers des contributions. Rome n'a jamais perçu directement par ses
fonctionnaires le vectigal qu'elle tire de l'*ager publicus*. Elle paraît d'ailleurs avoir emprunté aux anciens
rois d'Asie et de Sicile la coutume d'affermer les di-

mes et les redevances. Dès l'origine, elle vend par mancipation le *fructus* de ses domaines, moyennant une somme payable annuellement. Ces contrats sont passés par le censeur et portent le nom de *censoria locatio* ou *locatio fructus agri*. On dit aussi « *censores agrum fruendum locasse* » et l'on arrive à parler de la location de l'*ager* lui-même, ce qui est manifestement inexact : *Is ager a censoribus locari solet* (1). Le censeur reçoit les instructions du Sénat qui déterminé l'étendue des circonscriptions constituant les lots des adjudicataires. En outre, le Sénat fixe les conditions du cahier des charges : les redevances sont payées à l'État en argent ou en nature. Tous les cinq ans, l'adjudication se fait à Rome par les soins des censeurs : tout citoyen ou même toute personne ayant le *commercium* peut y prendre part. En fait, l'importance des lots est telle que seuls les gros capitalistes viennent aux enchères. De bonne heure il se forme de puissantes sociétés de publicains Le marché leur appartient, car elles défient toute concurrence. Si quelque évènement imprévu vient gêner leurs calculs, elles ont assez de crédit pour faire accueillir leurs réclamations au Sénat et obtenir la résiliation de leur bail ou tout au moins des réductions (2). C'est ce qui arrive le jour où l'inva-

1. *Cic.* Verr. II, 3, 6.
2. Robiou et Delaunay, p. 68 et suiv.

sion de Mithridate les met dans l'impuissance de
tenir leurs engagements. La situation de la Sicile
est quelque peu spéciale. Il y a quelques circonscriptions comme Léontium dont le territoire confisqué
après la conquête est soumis au droit commun de
l'*ager publicus*. *Perpauca civitates bello subactæ*, etc.
Les autres communes siciliennes ne sont pas, à proprement parler, stipendiaires : elles se sont remises,
non pas à la *ditio*, mais *in fidem et amicitiam populi
Romani*. Il semble qu'elles devraient occuper une
situation intermédiaire entre les cités libres et les
cités stipendiaires «*ut eodem jure essent,quo fuissent.*»
D'une part, l'impôt n'est pasà la charge des communes, mais à la charge des *aratores*, des cultivateurs.
D'autre part, il n'est pas affermé à Rome par les
censeurs, mais chaque année par des questeurs de
la province dans les villes déterminées par la coutume locale. Mais les communes se font représenter
aux enchères et cherchent à obtenir l'adjudication
ou à racheter l'entreprise à l'adjudicataire, pour
éviter aux *aratores* les exactions des publicains. Elles
se placent volontairement dans la condition des *civitates stipendiariæ*. En fait, la loi de Hiéron qu'elles ont
conservée ne leur est pas avantageuse.

Quelle est la condition de possesseurs de l'*ager
publicus vertigalisque* dans les provinces ? Ils doivent
la redevance, le loyer du sol. La loi *censoria* fixe la

quotité de cette redevance : elle peut varier tous les
cinq ans. La loi détermine aussi le mode d'exploitation des terres : elles sont livrées aux pâturages
moyennant la *scriptura*, où à la culture, moyennant
la dime en nature ou le vectigal en argent. Le grave
inconvénient de l'intervention des sociétés de Publicains, c'est qu'elles sont puissantes auprès de l'É-
tat et obtiennent souvent que les redevances soient
fixées à un taux excessif. En outre elles achètent
parfois la complicité du gouverneur, et les sujets,
sans protection aucune, sont livrés aux exactions les
plus scandaleuses. Il peut arriver qu'ils soient réduits à abandonner le sol et à vivre de brigandage.
Sous le proconsulat de Verrès, la situation de la Sicile
n'est guère plus florissante qu'en l'année 1894. En
temps de crise, lorsque les Publicains obtiennent
la résiliation de leur bail, les cultivateurs peuvent
être exemptés des redevances. *Qui frui publico non
potuit per hostes, tegitur ipsa lege censoria*(1).

Cicéron nous fait connaître les droits des possesseurs de l'*ager publicus vectigalisque* sur le sol qu'ils
cultivent (2). *Quarum* (des cités *vi captæ*) *ager, quum
esset publicus populi romani factus, tamen illis est red-*

—————————

1. Cic. de prov. cons. 5. 12.
2. Ce sol dans le texte est appelé *agri possessiones*, ou
agri possessionisve superficia. Ceux qui l'occupent sont dits,
habere possidere fruive, ou simplement, *possidere*, ou *frui*.

ditus. Le sol leur est rendu à titre précaire. En droit, le peuple peut à son gré les en dépouiller. En fait, en dépit des charges fort lourdes qui leur sont imposées, on leur laisse une possession qui équivaut presque à la propriété des *stipendiarii* : c'est ce qui nous explique qu'on ait souvent confondu les deux situations. S'il arrive que l'État use de son droit et enlève le sol aux cultivateurs, d'après M. Mommsen, il leur accorde d'autres terres. Il est probable que ces dépossessions sont très rares. De bonne heure le détenteur de l'*ager publicus vectigalisque* (et il faut lui assimiler avec Hygin le détenteur d'immeubles des collèges de prêtres ou de vestales, des colonies, des municipes, des villes libres) a une situation de fait assurément très supérieure à celle du fermier des particuliers (1). L'État et les personnes morales ont intérêt à se décharger de toute gestion. D'un autre côté le sol est mieux exploité, lorsqu'on laisse au paysan le temps de s'y attacher et la certitude d'en conserver la jouissance. Au IIe siècle de l'empire cette vérité économique n'est plus contestée. Il semble que l'*ager publicus* soit toujours *redditus* à perpétuité.

Un texte de Paul dit : *l'vectigales vocantur qui in perpetuum locantur id est hac lege ut quamdiu pro his*

1. Les personnes morales autres que l'État ne peuvent dépouiller les fermiers pendant la durée du bail.

vectigal pendantur, tamdiu neque ipsis qui conduxerunt neque ipsis qui in locum eorum successerunt auferre eos liceat. Le sol n'est plus enlevé au possesseur qu'en cas de non paiement de la redevance. Il faut lui reconnaître un droit et même un droit réel. Nous arrivons à une conception qui est presque la théorie des feudistes. Si certains jurisconsultes soucieux de la vérité historique et des droits de l'État caractérisent les rapports de l'État et du possessur comme un louage, d'autres y voient une vente et les faits semblent leur donner raison. N'a-t-il point une propriété celui qui possède sa vie durant, qui transmet à ses héritiers, qui peut léguer, vendre, hypothéquer, grever de servitudes. Il fait les fruits siens, non **par** la perception mais par la séparation. D'autre part, on lui reconnaît l'interdit *de loco publico fruendo* et même une action *in rem* : *Qui in perpetuum fundum fruendum conduxerunt a municipibus, quamvis non efficiantur dom.ni, tamen placuit competere eis in rem actionem adversus quemvis possessorem sed et adversus municipes ; ita tamen si vectigal solvant* (1).

1. Paul. *Dig.* XXX. 1. 71. § 5.

CHAPITRE IV.

Au temps de Gaius la condition du sol provincial n'est point « une ». Mais les différences que nous rencontrons encore ne subsistent que par les souvenirs du passé ; faute de raison d'être, elles tendent à s'effacer. L'unité politique de l'empire est faite, l'autorité de Rome acceptée partout ; les idées d'indépendance n'ont plus de force dans les provinces ; l'État n'a plus à s'appuyer sur les uns pour résister aux autres ; dès lors il ne songe plus à maintenir entre les cités un traitement inégal. D'un autre côté l'esprit local disparaît : la Gaule s'est romanisée en moins d'un siècle, les provinces sont mûres pour accepter les institutions de Rome.

Dans les faits, ces tendances à l'assimilation se réalisent. Les Antonins accordent de nombreuses concessions du *Jus Italicum*. Mais les privilèges de l'Italie sont restreints. Dioclétien supprime les plus importants. Il divise l'empire en quatre circonscriptions : le lot qui comprend l'Italie ne doit pas être inférieur aux autres au point de vue financier. On décide que

l'Italie assimilée aux provinces payera l'impôt foncier. Puis Constantinople étant élevée au rang de
capitale, Rome cesse d'être le centre du monde.
Enfin l'Italie tombe aux mains des Barbares ; Dès
lors, l'empire Romain se réduit à l'empire d'Orient :
le *Jus Italicum* n'est désormais que le privilège assez
vain de quelques cités disséminées en Grèce et en
Asie. Ce sont, le plus souvent, d'anciennes colonies.
Mais l'élément Romain et l'élément pérégrin se sont
fondus : Caracalla, d'ailleurs, a élevé tous les habitants de l'empire à la condition de citoyen. A l'époque de Justinien le *Jus Italicum* doit apparaître comme
une bizarrerie.

De même, on tend à soumettre les villes fédérées
ou libres au droit commun de la province. Elles n'ont
pas de force pour obtenir le respect de leur droit :
leur indépendance est due au bon plaisir de Rome ;
leur liberté est illusoire. Il y a, d'après M. Pernice,
beaucoup d'exemples des villes qui d'abord étaient
libres et plus tard payent l'impôt. Parfois la perte
de la liberté est un châtiment (*libertatem adimere,
tributum imponere*). Parfois elle est seulement la
conséquence de difficultés dans la gestion financière. La liberté avec obligation à l'impôt est un
état de transition auquel sont soumises les cités qui
seront ultérieurement assimilées aux autres villes
de la province.

Quant aux juridictions locales elles perdent peu à
peu de leur importance. Les anciens traités (*Chio,
Termessus*) établissaient l'égalité complète, admettaient à charge de réciprocité, la compétence des tribunaux des villes à l'égard de toutes les infractions
commises dans leur ressort, quelle que fut la nationalité du délinquant. De bonne heure, les Romains donnent à ces traités une interprétation singulière. Ils se reconnaissent le droit de prononcer
des sentences criminelles contre les habitants des
villes libres lorsqu'ils viennent à Rome. Il vengent
toute condamnation infligée à leurs concitoyens en
retirant aux villes la liberté. Plutarque en donne
plusieurs exemples. — Il semble qu'au II⁰ siècle,
en fait, sinon en droit, la juridiction criminelle n'é-
tait plus exercée par les tribunaux des villes, mais
par le proconsul. Nous avons un décret de l'empereur pour la ville libre de Cnide. Il acquitte des ac-
cusés et enjoint aux magistrats municipaux de s'en
tenir à sa décision. D'après Veicker, il s'agirait de
prévenus qui se sont enfuis à Rome. Il est plus vraisemblable que ce décret est une sentence d'appel. —
En matière civile, l'appel du gouverneur à l'empereur s'est peu à peu introduit. Nous avons des
exemples de décisions d'Adrien. Les Grecs se sont
habitués à porter volontairement leurs litiges devant le proconsul. — Quant au pouvoir législatif, il

fut très vite exercé par le préteur : les villes libres perdirent toute activité législative. Les coutumes locales, cessant d'être soutenues par les tribunaux des cités, améliorées par leurs assemblées, durent rapidement disparaître.

La propriété des *stipendiarii* se rapprochait du *dominium ex jure quiritium.* Loi 9. c. VIII. 14. — L. 2. C. III, 19. — Vat. 315, 316. Les textes parlent du *dominum rei tributariæ.* Les vieilles formes spéciales à la propriété quiritaire avaient disparu ; la tradition était le seul mode volontaire d'acquisition. D'un autre côté le droit des possesseurs des *agri vectigales* s'affermissait comme une propriété véritable : on discuta longuement si leur contrat était un louage ou une vente : en définitive on ne leur reconnut pas la qualité d'acheteur, mais celle d'emphytéote.

Ainsi à l'époque de Justinien, l'unité de condition de la propriété était en fait réalisée depuis longtemps ; les distinctions, souvenir des conquêtes de la République, n'existaient plus que dans les livres, il était facile de les supprimer. Ce fut le mérite de Justinien. Il fit œuvre de simplification en soumettant toutes les terres de l'empire au même régime foncier : *inter quæ (prædia quæ in provinciis) sunt nec non et Italica prædia ex nostra constitutione nulla differentia est.*

TABLE DES MATIÈRES.

Droit romain.

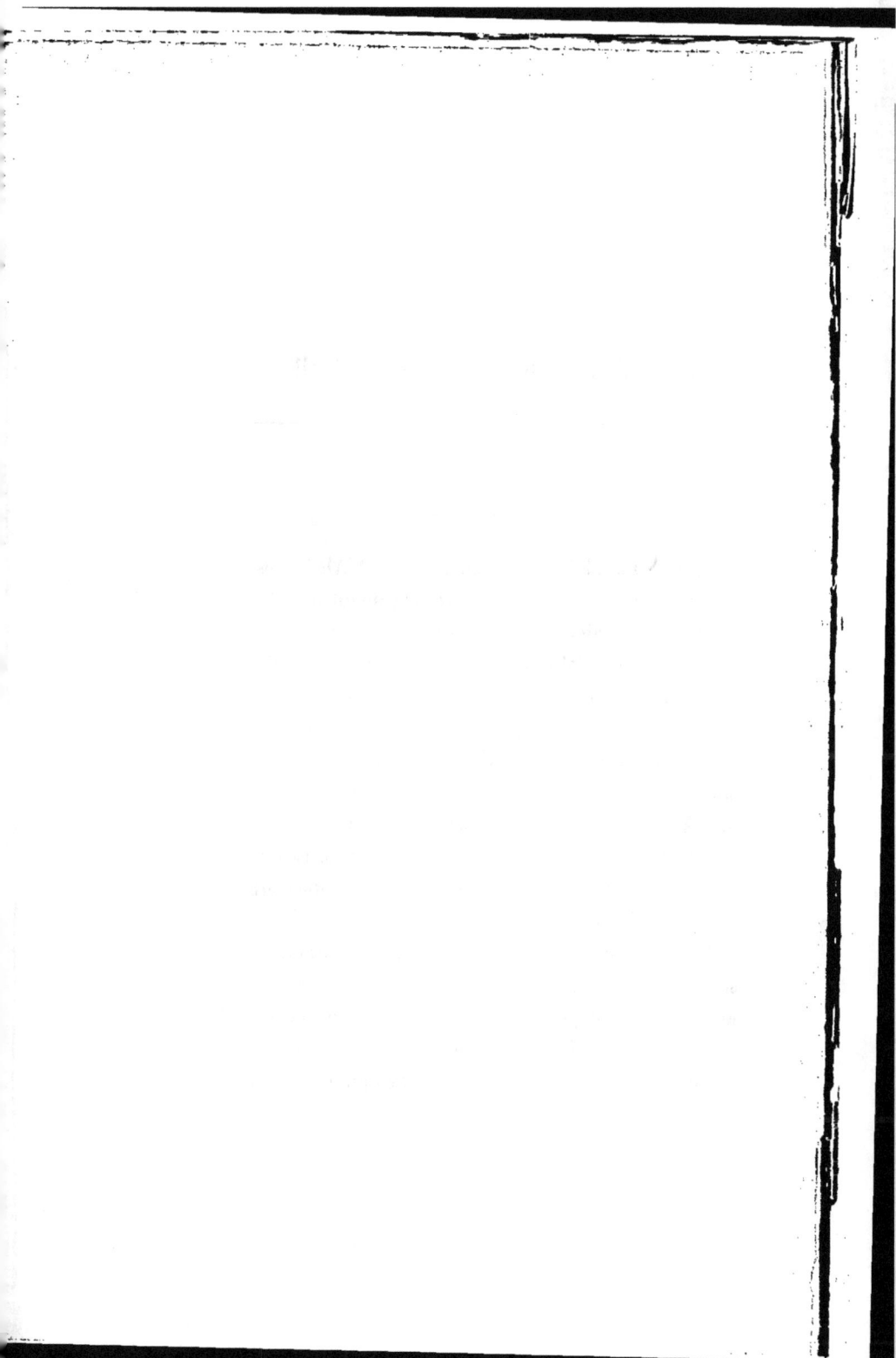

DROIT FRANÇAIS

LA PROPRIÉTÉ DES COLONS EN ALGÉRIE

INTRODUCTION.

Prévost-Paradol écrivait en 1868 : « L'Algérie est
une terre française, qui doit être le plustôt possible
peuplée, possédée et cultivée par des Français, si
nous voulons qu'elle puisse un jour peser de notre
côté dans l'arrangement des affaires humaines... Puisse-t-il venir bientôt ce jour où nos concitoyens, à l'étroit dans notre France africaine, déborderont sur le
Maroc et sur la Tunisie, et fonderont enfin cet empire Méditerranéen, qui ne sera pas seulement une
satisfaction pour notre orgueil, mais qui sera certainement, dans l'état futur du monde, la dernière
ressource de notre grandeur ».

Aujourd'hui, les espérances de Prévost-Paradol se
sont en grande partie réalisées. L'Algérie est une
nouvelle France, peuplée déjà de 435,000 Européens.
La population indigène, qui ne cesse de s'accroître,
comprend 3,275,000 individus. « Les plaines de la

B.   1

Mitidja, disait le rapport de J. Ferry, que les vieux Algériens ont connues à l'état de marécage et d'ossuaire rivalisent par l'opulence des produits et le soin des cultures avec les plus riches cantons de la Basse Normandie ». En 1887, les Européens cultivaient 1,300,000 hectares ; les importations s'élevaient à 238 millions de francs, les exportations à plus de 195 millions. Les routes se développaient sur une longueur de 13,000 kilomètres ; les chemins de fer sur 3,000. L'Australie, pendant les cinquante premières années de son peuplement n'a pas fait de plus rapides progrès que l'Algérie. Nous pouvons opposer ces résultats à ceux qui prétendent que les Français n'ont pas l'esprit colonisateur.

Pourtant, les difficultés de la tâche ont été grandes. En 1830, nous sommes arrivés à Alger pour venger l'insulte d'un roi barbare. « Si nous nous sommes fixés en Algérie, dit M. Leroy-Beaulieu, la cause en a été, moins au besoin de nous y établir, qu'à la difficulté de nous en éloigner ». Jusqu'en 1841, l'Algérie était impopulaire ; l'évacuation était souvent demandée ; le gouvernement se résignait à grand peine à l'occupation restreinte. « J'ai annoncé, disait en 1833 le maréchal Soult, ministre de la guerre, qu'à moins de considérations politiques de telle nature qu'il soit dans l'intérêt de la France d'y renoncer, le gouvernement n'a aucun projet d'abandonner la *côte* d'Afrique ». En 1834, M. de Rémusat : « Aucune expédition nouvelle, aucun développement des établissements coloniaux et militaires ».Enfin,M.Dupin, en 1835 : « Il faut hâter le moment de libérer la France d'un fardeau qu'elle ne pourra et ne voudra pas porter longtemps ».

Nous étions en présence d'une race belliqueuse, déjà civilisée, rebelle à l'assimilation. Dans le Nord de l'Afrique, les Romains, ce peuple si merveilleusement colonisateur avaient laissé peu de traces (1) : quelques ruines sur le sol ; aucun vestige dans les institutions. La religion de Mahomet, apportée par les Arabes, était encore un obstacle à nos progrès en Algérie. Kabyles et Arabes, de 1830 à 1850, secondés quelquefois par les maladresses de notre politique qui laissa Abd-El-Kader établir son autorité sur les tribus divisées,opposèrent à nos armes une résistance acharnée. La conquête fut difficile, la pacification lente. Un soulèvement général, en 1871 n'a-t-il pas montré qu'elle n'était point encore achevée ?

D'autre part, et ce fut peut être le principal obstacle que rencontra notre établissement en Algérie, le sol n'était point libre ; les indigènes l'occupaient. Notre politique a tenu à honneur de ne pas suivre

1. M. Loveillé. *Cours de législation coloniale.*

le procédé des Anglo-Saxons, qui consiste à supprimer l'indigène. Comment coloniser dès lors, car
sans terres la colonisation est impossible ? L'État mit
à la disposition des émigrants les terres dont il avait
la propriété. Mais ces ressources étaient insuffisan-
tes. On chercha à faciliter aux Européens l'acquisition des terres que possédaient les indigènes. Ce fut,
en quelque sorte, la conquête pacifique de l'Algérie.

Nous nous proposons de rechercher, dans une
première partie : 1° quels biens comprenait le domaine du bey, échu à l'État en 1830 : comment et
par quelles mesures, il s'accrut après 1830. 2° quelle
était la condition du sol qu'occupaient les indigènes.

Nous étudierons, dans une seconde partie, 1° les
lois qui eurent pour objet l'aliénation des terres domaniales ; 2° les lois qui s'efforcèrent de procurer à
la colonisation la propriété indigène.

PREMIÈRE PARTIE

CHAPITRE I.

Le domaine de l'Etat (Le beylick). Comment il s'est accru après 1830. Loi de 1851.

C'est la loi du 16 juin 1851 (Titre I) qui, pour la première fois, arrête la liste des biens qui seront considérés comme appartenant, en Algérie, au domaine de l'Etat. Un rapprochement s'impose entre le titre I de la loi de 1851 et les articles 538 et suivants du code civil, qui énumèrent les biens de l'Etat dans la métropole. Les législateurs de la deuxième République, tenant compte des critiques doctrinales qu'a soulevées l'article 538, ont distingué plus exactement les biens du domaine public et ceux du domaine privé. En outre ils ont attribué à l'Etat, en Algérie, certains immeubles dont le Domaine en France n'a pas la propriété.

C'est l'article 4 de la loi de 51 qui nous donne l'énumération des biens du domaine privé. Il comprend, d'une part, tous les biens qui en France sont dévolus à l'Etat par application du code civil ou des lois spéciales ; d'autre part, les immeubles que l'Etat possède en Algérie par droit de conquête, en vertu

des coutumes musulmanes, ou par raison de nécessité publique. Ce sont (art. 4, 2°) « les biens et
droits mobiliers et immobiliers provenant du Beylick
et de tous autres réunis au domaine par des arrêtés ou ordonnances rendus antérieurement à la
promulgation de la loi de 1851 ».

La doctrine et la jurisprudence ont analysé cette
formule un peu vague. Elle s'applique : 1° aux biens
du Beylick proprement dit ; 2° aux terres Blad el
Maghzen ; 3° aux biens des corporations religieuses ;
4° aux biens vacants et sans maîtres. On a considéré
comme tels, tout au moins à une certaine époque,
les terres incultes, les marais, les terres vaines et
vagues. Sont encore, en Algérie, biens vacants et sans
maîtres, les successions en deshérence en vertu de la
loi musulmane. 5° Enfin, le domaine de l'Etat comprend les biens séquestrés. La loi de 51 (art. 4.3°),
les mentionne expressément.

1° Les terres de Beylick proprement dit, les biens des
domaines des anciens beys étaient très étendus (1).
« Partout où la société est instable et le pouvoir tyrannique, disait M. de Tocqueville en 1847, les propriétés particulières de l'Etat sont nombreuses et très
vastes. C'est le fait qui se manifeste en Algérie. Le
domaine public y a des proportions immenses et les

1. 1.500.000 hectares, d'après M. Leroy Beaulieu.

terres qu'ils possède sont les meilleures du pays. »
Ce domaine s'était formé par l'occupation, les confiscations, les libéralités entre vifs ou testamentaires,
les successions. Les coutumes de l'Islam donnaient
au chef qui fait la conquête une partie du sol enlevé
aux vaincus. Cette part lui était attribuée en propriété privée. En outre, une partie des terres con-
quises était laissée à l'État. Leurs revenus avaient
pour destination de subvenir aux charges publiques.
Ces biens étaient parfois exploités directement. L'administration des domaines du bey (le Bit el Mal), les
affermait aux khammès. On leur fournissait le bétail, les semences, les instruments de travail. On
leur accordait le cinquième de la récolte, déduction
faite des avances consenties par l'État. Si la récolte
était mauvaise, ils restaient débiteurs personnels de
ces avances. Ils pouvaient quitter le domaine, mais
aussi longtemps qu'ils n'étaient pas libérés, il leur
était difficile de trouver une nouvelle ferme. Si quelque propriétaire consentait à traiter avec eux, il était
responsable envers l'État des fermages non payés.
Toutefois les khammès du Bey étaient en droit de
requérir, au moment de la récolte, l'aide des autres
laboureurs du pays. Ces corvées (touiza), leur assu-
rant la main d'œuvre, leur procuraient un avantage
considérable. Quelquefois le souverain accordait à
des particuliers, ou plus souvent à des tribus, l'usu-

fruit de ses domaines. Ces dotations révocables à volonté étaient connues sous le non d' « Azels. »

Après la chute d'Alger, les terres du Beylick furent réunies au domaine de l'État français. La capitulation du 5 juillet 1830, les arrêtés du 8 septembre et du 7 décembre 1830, du 10 juin 1831, du 4 novembre 1840, du 23 mars et du 4 juin 1843, du 5 octobre 1848 en consacrèrent l'acquisition. Mais si le principe s'établissait sans difficultés, son application n'était point aisée. Comment reconnaitre les anciens domaines des beys ? Les Turcs n'avaient laissé ni archives, ni plan cadastral. L'administration des domaines de la Régence avait disparu : elle ne pouvait être reconstituée. On avança lentement. Les biens de l'ancien gouvernement furent peu à peu découverts ou dénoncés. L'arrêté du 26 juillet 1834 et l'ordonnance du 1ᵉʳ octobre (art. 10), établirent une présomption de propriété au profit de l'État. Tous immeubles sur lesquels personne n'aurait fait acte public de possession seraient à la disposition de l'administration des domaines. L'ordonnance du 21 juillet 1846 (art. 5), rédigée dans le même esprit, lui attribua toutes les terres non revendiquées dans les délais déterminés par les arrêtés ministériels. Sous le gouvernement du maréchal Randon, un grand travail de recensement des immeubles fut entrepris. Le service topographique fut chargé de reconnaitre

les terres domaniales affectées à des services publics
ou affermées par le gouvernement turc. En 1863,
indépendamment des bois et forêts, l'administration
disposait de 887.000 hectares (1). Le sénatus-consulte de 1863 avait pour but de dégager les biens de
l'État des biens des particuliers et des tribus. Il accrut le domaine de 207.314 hectares. La loi de 1873,
en poursuivant l'exécution du sénatus consulte et la
constitution de la propriété individuelle, devait désagréger les groupes d'immeubles de propriété privée
ou collective et reconnaître les biens domaniaux. Les
résultats, à cet égard ne furent guère satisfaisants.
Elle aboutit à donner à l'État 22.000 hectares de parcelles isolées.

2° En même temps que les biens du Beylick proprement dit, les terres dites *Blad El Maghzen* furent
réunies au domaine de l'État. Elles étaient possédées
à peu près au même titre que nos anciens fiefs, à
charge de service militaire. Toutefois elles avaient
été concédées, non à des particuliers, mais à des tribus. Lorsque les Beys disparurent, le lien de vassa-
lité fut rompu. Le gouvernement français prononça
la déchéance des concessions, les conditions auxquelles elles étaient consenties ne pouvant plus être
exécutées. Quant aux terres des tribus, possédées

1. Voir *Moniteur* du 6 mars 1866.

depuis un temps immémorial (terres arch), elles ne furent point assimilées aux terres maghzen. Nous aurons à étudier le régime auquel elles furent soumises.

2° Les biens des corporations religieuses se distinguaient mieux des biens du Beylick. Néanmoins l'arrêté du 8 septembre 1830 les confondit avec les propriétés de la Régence et les réunit au domaine. Les motifs de cette sécularisation étaient d'ordre politique : le clergé musulman et les établissements religieux étaient hostiles à la France ; disposant de terres considérables, ils étaient aussi dangereux qu'influents et riches. L'État, en confisquant leurs biens, s'engagea à fournir un traitement aux prêtres musulmans et à entretenir les établissements du culte. Les subventions accordées au clergé musulman figurent encore à notre budget : c'est une dépense assez minime.

4° En France, les biens vacants et sans maître n'enrichissent guère le domaine. En Algérie, l'administration a occupé comme biens vacants et sans maîtres de vastes territoires. Les premières ordonnances (26 juillet 1834, 21 octobre 1839) avaient imposé à tous les possesseurs d'immeubles la justification de leur propriété. Toutes les terres détenues sans titre étaient considérées comme terres vaines et vagues et réunies au domaine public. Ces dispositions lé-

gislatives eurent peu d'effets utiles, l'occupation du
pays étant à peine commencée. L'ordonnance de
1844, moins draconienne, n'établit la présomption
de propriété au profit du Beylick qu'à l'égard des
immeubles non occupés. Mais les droits de l'État
furent précisés sur certaines catégories d'immeubles.
Les *marais* furent réputés biens vacants (Ord. de
1844, art. 109). Cette présomption ne pouvait être
écartée que par la production d'un titre remontant,
avec date certaine, à une époque antérieure au 5
juillet 1830. Lors même que la propriété privée sur
les marais était reconnue, le droit du propriétaire
était résolu en une indemnité fixée par l'administration : c'était une expropriation sommaire. L'ordonnance de 1846 (art. 46), abrogeant l'ordonnance
de 1844, déclara de nouveau que les marais étaient
bien vacants et sans maître ; comme elle négligea de
s'occuper de l'indemnité, on en conclut qu'elle était
supprimée. Il est certain que le dessèchement des
marais s'imposait. Toutefois, on peut estimer que
les droits des particuliers étaient un peu trop sa-
crifiés. Lorsque l'État fut en mesure d'exercer effi-
cacement ses droits, on jugea qu'ils étaient exorbi-
tants. M. Didier, rapporteur de la loi de 1851, écrivait : « Les marais qui sont l'objet de propriété
privée ont droit au respect de l'autorité publique,
non moins que les autres immeubles. Si dans l'in-

térêt de la salubrité, on juge qu'ils doivent être desséchés, qu'on suive la voie de l'expropriation pour cause d'utilité publique. » La loi de 1851 (art. 23) abrogea expressément les dispositions des ordonnances relatives aux marais. — L'ordonnance de 1844 (articles 80 à 108) rattachait aux domaine les *terres incultes*. Les terres incultes non revendiquées dans les trois mois étaient purement et simplement attribuées à l'État. Quant aux terres incultes dont le propriétaire se faisait reconnaître, elles étaient assujeties à un impôt spécial de 5 francs par hectare, que l'ordonnance de 1846 éleva à 10 francs : le propriétaire avait la faculté de délaisser. « Le travail, disait le rapporteur de l'ordonnance de 1846, est un titre, le meilleur peut-être, à la possession du sol. » « C'est, dit encore M. Didier, en partant de cet axiôme difficilement contestable qu'on s'était laissé entraîner, de déduction en déduction, jusqu'à cette singulière et extrême conséquence que le propriétaire de terres qui ne travaillait pas devait être dépossédé. » La législation spéciale aux terres incultes fut abrogée par la loi de 1851.

La loi musulmane, qui est encore le statut personnel des indigènes mahométans, considère les *biens en deshérence* comme biens vacants et sans maitres et les attribue à l'État. Elle est même plus libérale à l'égard de l'État que notre code civil. Elle reconnaît deux catégories d'héritiers, les légitimaires ou à réserve (ferdh) ; les héritiers universels (acebs). Les premiers ne peuvent recueillir qu'une part déterminée de la succession : ils prélèvent cette part ; les héritiers acebs prennent le reste. L'État est héritier aceb. Dans le rite malekite, les collatéraux et l'État sont appelés comme acebs. A défaut de collatéraux au sixième degré, l'État recueille l'hérédité, déduction faite des parts des légitimaires. Dans le rite hanéfite, sont acebs tous les parents mâles, à quelque degré qu'ils soient, les femmes et leurs descendants, les héritiers adoptifs, les légataires universels, et à défaut d'eux, l'État. L'ordonnance du 20 novembre 1843 décida que les successions non réclamées dans les trois années de leur ouverture seraient présumées en deshérence. A la suite des famines de 1867 et 1868, cinq cent mille indigènes sont morts : beaucoup de successions sont restées en deshérence. Il ne semble pas que l'administration ait revendiqué utilement tous les biens vacants.

6° Le séquestre, c'est la main mise de l'État sur les biens dont il s'empare par les armes. Au lendemain de la conquête, l'ordonnance du 31 octobre 1835 disposa que les biens des Turcs émigrés ou hostiles et les territoires des tribus rebelles seraient séquestrés. Ces premières confiscations donnèrent 577 immeu-

bles. En 1839, elles portèrent sur 1072 immeubles
d'indigènes insurgés. Le domaine entra en possession réelle de 337 immeubles seulement. Les formes
et les effets du séquestre restaient indéterminés.
C'était l'*occupatio bellica* ; les razzias enlevaient aux
rebelles leurs meubles ; le séquestre les dépouillait
de leurs immeubles. Il fut régulièrement organisé
par l'ordonnance du 31 octobre 1847. On décida que
ce n'était point une confiscation, mais une prise de
possession provisoire, qui pouvait cesser ou devenir
définitive. Les immeubles séquestrés étaient régis
par l'administration. Si le propriétaire recouvrait
ses droits, il était censé les avoir toujours conservés:
c'était une sorte de *postliminium*. Si le séquestre
était maintenu, les biens étaient réunis au domaine.
Il était établi par arrêté du gouverneur général. Ses
causes étaient 1° l'abandon individuel de plus de trois
mois, sans autorisation. Il faisait présumer la défec-
tion; la preuve contraire restait admise. 2° L'abandon
en masse, considéré comme une révolte : c'était une
présomption *juris et de jure*. La loi de 1851 (art. 22)
et le sénatus-consulte de 1863 (art. 7) maintinrent
les dispositions de l'ordonnance de 1845. La confiscation des terres des tribus révoltées en 1871 donna
environ 300.000 hectares.

CHAPITRE II.

Condition des terres occupées par les indigènes.

Lorsqu'en 1830 la capitulation d'Alger nous donna l'ancienne régence, l'État Français succéda aux droits des souverains barbaresques. Il devint propriétaire de leurs domaines et des autres biens dont la loi de 1851 nous a donné l'énumération. On a soutenu que l'État ne devait point restreindre ses prétentions aux immeubles possédés autrefois par les Beys; qu'il pouvait invoquer, conformément à la loi musulmane, des droits bien plus étendus ; qu'il était propriétaire éminent de tout le sol de l'Algérie, le Coran attribuant au souverain la propriété du pays conquis. Cette théorie fut encore exposée en 1881 par M. l'avocat général Bernard : (1) « Les Arabes, dit-il, se considèrent plutôt comme les tenanciers du sol que comme de réels propriétaires et placent au dessus de leurs droits mal définis le *dominium eminens* du prince. » M. Burdeau, dans son rapport : « Jusqu'en 1863, un seul propriétaire, le Beylick, propriétaire éminent du sol. »

Il ne semble pas que ce système soit exact. Il se

1. Discours de rentrée.

fonde sur la loi musulmane : Elle admettrait qu'en
toute terre conquise, les habitants n'ont qu'un droit
de jouissance à charge de tribut. On lit dans le Coran que « dans les pays soumis aux musulmans, la
propriété du sol est à Dieu et au Sultan, qui est le
représentant et l'ombre de Dieu sur la terre. Les individus n'ont qu'un droit de jouissance précaire. »
D'abord, il n'est point exact historiquement que toute
l'Algérie ait été conquise par les armes. On a fort
bien rapproché notre passage du Coran d'un texte
du Lévitique (c. 25. verset 23) d'après lequel « la
terre est au Seigneur. » Or il est certain que la loi
de Moïse admet la propriété privée. Ces textes n'ex-
priment pas des règles de droit, mais un hommage
à Dieu. Les interprètes du Coran ne l'entendent
point autrement.

D'après Sidi Khalil, la vivification de la terre morte
par la culture et l'irrigation créent un droit de propriété absolue (melk); elle est transmissible par
vente, donation ou succession. En fait, antérieurement à 1830, la propriété privée et individuelle était
constituée en Algérie. Si les confiscations étaient
fréquentes, c'est que le pouvoir était tyrannique ;
elles s'expliquent sans qu'il soit nécessaire d'admettre le domaine éminent du Souverain. D'ailleurs il
arrivait parfois qu'une indemnité fut payée par le
gouvernement turc au propriétaire dépossédé : Abd-
el-Kader procéda à de véritables expropriations avec

indemnité. Cette pratique aurait été tout à fait inconciliable avec la théorie du domaine éminent.

En résumé, sous l'empire de la loi musulmane,
il y avait en Algérie des terres de propriété privée.
Les terres non soumises à un droit privatif de propriété étaient, en réalité, *res nullius*, biens vacants et
sans maîtres. Toute personne pouvait en acquérir la
propriété par la vivification, la mise en culture.

Il nous reste à examiner quelle fut en cette matière l'opinion du législateur français et comment il
trancha la controverse. Il est certain qu'après la capitulation d'Alger, on avait en France des notions
très vagues sur la propriété indigène et les droits
des tribus En 1842, une commission (MM. Macarel,
Dumon, Laplagne-Barris et Romiguières) prépara
une ordonnance sur la propriété en Algérie. Elle fut
promulguée le 1er octobre 1844. « En parcourant
les procès-verbaux de 1842, dit M. Dareste(1), on est
frappé des hésitations du législateur. Il ne paraît
pas bien convaincu du droit des propriétaires indigènes. » — « Dans beaucoup d'endroits, disait M.
de Tocqueville en 1847, la propriété individuelle et
patrimoniale n'existe pas. Dans beaucoup d'autres,
la propriété commune des tribus n'est appuyée elle-
même sur aucun titre et résulte de la tolérance du
gouvernement plutôt que du droit. »

1. Dar. Loi de 1851.

En 1850, un projet du gouvernement renonçait aux droits discutés de l'État. Il reconnaissait la propriété individuelle des indigènes, toutes les fois qu'elle était prouvée par titre ou possession de dix années, la propriété collective des tribus, lorsqu'elle était établie par un titre ; faute de titre, les tribus n'avaient qu'un droit de jouissance, que l'État pouvait racheter. Le projet de la commission de l'Assemblée nationale présenta des dispositions analogues. On aboutit à la loi de 1851. Elle reconnaissait « *tels qu'ils existaient au moment de la conquête* ou tels qu'ils avaient été maintenus, les droits de propriété et de jouissance appartenant aux tribus. » La formule ne compromettait rien. La loi réservait même à l'État une sorte de contrôle sur les territoires des tribus, auxquelles il était interdit d'aliéner au profit d'étrangers leurs droits de propriété ou de jouissance. Nous ne pouvons donc admettre avec M. Charpentier (1) que « la loi de 1851 consacrait l'abandon des droits de l'État ». Elle consacrait la législation préexistante. En somme, elle ne tranchait point la question.

La solution fut donnée par le sénatus-consulte de 1863. Elle eut le mérite de préciser nettement les droits des indigènes et des tribus. Mais il semble qu'elle fut théoriquement inexacte. C'était l'époque où triomphait l'idée du « royaume arabe ». La lettre de l'empereur, du 6 février 1863, déclarait

1. Législ. alg.

que la France ne pouvait, sans injustice, se prévaloir des droits du Sultan : « Eh quoi ! l'État s'arme-
rait des principes surannés du mahométisme pour
dépouiller les anciens possesseurs du sol ; et sur
une terre devenue française, il invoquerait les droits
despotiques du Grand Turc ? »

Le Sénat reconnut le principe du domaine éminent de l'État au moins sur le sol des tribus ; puis,
à titre de libéralité, il abandonna les droits de l'É-
tat. Cette renonciation gracieuse fut consacrée formellement par l'article 1er : « Les tribus de l'Algérie *sont déclarées* propriétaires des territoires dont
elles ont la jouissance permanente et traditionnelle
à quelque titre que ce soit. » En second lieu, il
posa une distinction capitale entre 1° le sol *melk*,
d'une part, possédé en propriété privée ; 2° le sol
arch, d'autre part, territoire des tribus, que désormais elles posséderaient en propriété collective, divisé en communaux et en terres de culture.

En réalité, il semble que l'article 1er du sénatus
consulte ne contenait point une libéralité. L'État
donnait ce qu'il n'avait pas. « La possession traditionnelle des tribus, dit fort bien M. Robe(1), est attri-
butive d'un véritable droit de propriété collective
mais privative en même temps. » En pays conquis,
les tribus s'étaient arrêtées sur le sol ; il était ap-
proprié, la possession par dix ans, la vivification

1. Les lois de la propriété immobilière, 1864.

de la terre créant la propriété immédiate et absolue.

Peut-être même faut-il aller plus loin. Sans doute il y avait en Algérie des communaux. Mais la distinction entre le melk de propriété privée, et la terre de culture, de propriété collective (arch) est douteuse. Elle est d'origine française. « Elle fut entrevue en 1851, dit M. Dain(1), s'affirma en 59, trouva sa formule en 63. » C'est en effet dans la discussion du projet de 1851 qu'on employa pour la première fois cette dénomination de terre arch (2). Cette expression ne se rencontre ni dans le Coran ni chez ses commentateurs. La terre « arch » est inconnue de Sidi Khalil. Au contraire la terre « melk », dans la langue des jurisconsultes musulmans, c'est la terre possédée en propriété individuelle.

Il n'y a pas là qu'une critique de terminologie. « Pas de signe extérieur, dit M. Dain, pour distinguer les terres melk et les terres arch. Un seul critérium, la classification faite par l'autorité administrative. » La propriété melk est presque toujours dans l'indivision : il y a cent, deux cents propriétaires. Elle est rarement constatée par des titres parfaits ; pratiquement elle est inaliénable. D'autre part, dans les prétendus territoires arch, chaque laboureur a un champ déterminé ; il le cultive et profite seul de la récolte ; il ne paye aucune rede-

1. Rev. alg. 1891.
2. *Arch*, dans la langue arabe, correspond à notre mot *tribu*.

vance (1). Il le transmet héréditairement. Il a un droit perpétuel. Ce droit ressemble singulièrement à la propriété individuelle.

Qu'est-il arrivé lorsqu'on a appliqué le sénatus-consulte de 1863 ? En territoire arch, les commissaires enquêteurs ont constaté les soins qu'apportaient les indigènes à défendre leurs droits sur tel ou tel champ, lorsqu'une limite devait le traverser ou le laisser en dehors. D'après M. Charpentier, on s'est trouvé en présence, non d'un communisme agraire, mais de droits bien constatés et revendiqués avec énergie. On s'est dit alors : la propriété individuelle existe, nous n'avons pas à la constater.

En résumé, il semble que l'État n'avait point de domaine éminent sur le sol de l'Algérie, que les tribus n'étaient point propriétaires collectives du sol qu'elles occupaient. Par contre, la propriété privée (melk), organisée il est vrai par des coutumes incertaines et variables, était bien constatée. Quoiqu'il en soit, la distinction du sénatus-consulte devint la base de la propriété indigène en Algérie. Après 1863, les terres des musulmans furent classées en deux catégories : melk et arch.

Lors de la discussion de la loi de 1873, on répéta à plusieurs reprises qu'on ne voulait pas atteindre le sénatus-consulte. En réalité, la loi de 1873 était con-

1. Le *kohor* est un impôt perçu au profit de l'Etat : il n'existe pas partout.

que dans un esprit nouveau. « Sous l'empire, disait J. Ferry, on a gouverné pour les Arabes. De 1871 à 1885, c'est assurément dans le sens de la colonisation française qu'on a gouverné et administré l'Algérie. » En 1873, l'exactitude des distinctions entre la terre melk et la terre arch paraissait déjà contestable.

Le rapport de la commission parlementaire critiqua la terminologie admise depuis 1863 : « Au dualisme des mots melk et arch, nous substituons l'appellation générique du mot propriété, dont la définition dans notre droit public ne peut donner lieu à aucune erreur, en y adoptant, suivant le cas, l'un des modes de possession exprimés par les termes *privée* ou *collective.* » — Ce n'est pas tout : il semble qu'on revenait à la théorie du domaine éminent de l'Etat pour justifier une sorte de cantonnement au profit de la colonisation. La disposition si libérale du sénatus-consulte, qui donne aux tribus la propropriété de tous les terrains qu'elles possèdent, se concilie mal avec le passage suivant des instructions du général Chanzy, en exécution de la loi de 1873 : « Les besoins des indigènes largement satisfaits, la loi a entendu, après que la tribu serait dotée de communaux, si elle n'en a pas, réserver à l'Etat et par conséquent au peuplement et à la colonisation tous les terrains dont la non jouissance par l'indigène prouve qu'ils lui sont inutiles. »

DEUXIÈME PARTIE

CHAPITRE I.

Des lois qui ont eu pour objet l'aliénation des terres domaniales.

Coloniser, c'est mettre en valeur le sol. C'est aussi, dans les pays où les Européens peuvent vivre et travailler, appeler les immigrants, leur faciliter l'acquisition de la propriété, favoriser la formation d'une race créole. L'Algérie devait être une colonie de peuplement. Mais lorsque la France fut résolue à s'y établir, on se trouva aux prises avec les plus grandes difficultés. Le sol était occupé par une population assez dense et rebelle à l'assimilation immédiate. Comment constituer le domaine de la colonisation ? Quelles terres offrir aux Européens ?

Les terres du Beylick étaient vastes et fertiles. L'administration poursuivit la reconstitution du domaine de l'État. C'étaient des ressources immédiatement disponibles. « Nous pouvons distribuer des terres aux cultivateurs européens, disait M. de Tocqueville, sans blesser le droit de personne. » En France, le domaine exploité par l'État comme une

propriété privée n'est aliénable qu'en vertu d'une
loi et très exceptionnellement ; en Algérie, son aliénation au profit des immigrants fut toujours nor-
male et facilement réalisable. Elle pouvait être ef-
fectuée sous forme de concession gratuite, pure et
simple ou conditionnelle ; elle se concevait sous
forme de vente, à l'exemple des États-Unis. Les
systèmes les plus divers furent essayés et il ne
semble pas que la question ait reçu une solution
définitive. Nous étudierons les différents modes d'a-
liénation des biens domaniaux qui ont été pratiqués
successivement depuis 1830.

§ 1. — *Concessions.* — Les premières dispositions
législatives eurent pour objet de consolider la propriété qui s'était constituée aux dépens du domaine.
Elles consacrèrent des aliénations indirectes. Au
lendemain de la conquête, en dépit des efforts tentés
par le gouvernement pour mettre en garde les acquéreurs contre la mauvaise foi des indigènes, alors
qu'il était impossible de vérifier sérieusement les
droits aliénés, les premiers colons avaient acheté
aux Arabes des immeubles mal déterminés et de
limites incertaines. Lorsque l'administration entre-
prit le recensement des biens beylicaux, on décou-
vrit que des terres dépendant du domaine de l'État
et frauduleusement aliénées étaient possédées par des
Européens. Les revendiquer, pour les concéder aus-

sitôt qu'elles seraient recouvrées par l'État, ç'eût été mal comprendre les intérêts de la colonisation ; il fallait, au contraire, affermir cette propriété peu solide, soustraire ces droits qui s'étaient irrégulièrement constitués à toute menace d'éviction. Ce fut l'objet de l'ordonnance de 1844 (art. 91) : « Celui qui possède dans le périmètre d'un territoire où la culture est obligatoire, une terre cultivée... est réputé légitime propriétaire, à l'égard du domaine, des terrains qu'il possède réellement. » Une disposition plus générale de la loi de 1851 consacra cette déchéance à l'égard du domaine : « Sont validées, vis-à-vis de l'État, les acquisitions d'immeubles en territoire civil faites plus de deux années avant la promulgation de la présente loi. » art. 12.

Les aliénations directes, de 1830 à 1860, furent réalisées sous forme de concessions. Sous ce régime on peut distinguer trois périodes. De 1830 à 1841, les tâtonnements, pas de règle générale. Les premières dispositions intéressantes émanent d'un homme remarquable, le maréchal Clausel, qui en 1835 et 1836 fut gouverneur général de l'Algérie. Son arrêté du 27 septembre 1836, relatif aux concessions de terres dans la banlieue de Bouffarick établissait les bases de la réglementation édifiée quelques années plus tard. — L'arrêté du 18 avril 1841, dû à l'initiative du maréchal Bugeaud et complété par trois ordonnances inaugura une seconde période, 1841-1851. La troisième période, 1851-1860 — eut pour point de départ un arrêté du 26 avril 1851, sous le ministère du Maréchal Randon.

L'arrêté du 18 avril 1841 organisait véritablement le système des concessions gratuites. Art. 6 : « Les propriétés bâties, les emplacements à bâtir, et les terrains à cultiver seront distribués aux colons. » Art. 7 : « Chacun des colons admis sera envoyé en possession provisoire des immeubles compris dans sa concession. » Art. 14 : « Il pourra, sous l'autorisation du directeur de l'intérieur, grever d'hypothèques les immeubles concédés, mais seulement lorsque la créance aura pour cause vérifiée des dépenses de construction ou de mise en culture. »

L'arrêté de 1841 fut complété et développé par trois ordonnances (21 juillet 1845, 5 juin 1847, 1 septembre 1847.) Le principe est posé par l'art. 2 de l'ordonnance de 1845 : « Les propriétés domaniales... peuvent être concédées à des particuliers. » Quelle est l'autorité chargée de délivrer les concessions ? Ici, une certaine complication. En 1845, les concessions sont autorisées par le ministre de la guerre ; elles sont sanctionnées par une ordonnance royale. Ce n'est pas tout : il faut que le conseil supérieur d'administration ait été consulté et qu'à sa délibération le gou-

verneur général ait joint son avis personnel. En 1847
(ord. du 5 juin), on décentralise et on distingue :
Les concessions de 25 hectares sont autorisées par
le gouverneur général sur la proposition du directeur de la colonisation ; les concessions plus étendues mais inférieures à 100 hectares, autorisées par
le ministre de la guerre, sur l'avis du gouverneur
général et du conseil supérieur ; les concessions su-
périeures à 100 hectares, autorisées par ordonnance
royale, sur le rapport du ministre, le conseil d'État entendu. Ce système a une durée éphémère : L'ordonnance du 1er septembre de la même année, en maintenant les distinctions d'après l'étendue des terres
à concéder, substitue au gouverneur le directeur
des affaires civiles, au ministre le gouverneur, au
chef de l'État le ministre de la guerre. Nous n'avons
rappelé toutes ces formalités abrogées, mais peu intéressantes, que pour en montrer la complication.

Quelles sont les obligations, quels sont les droits
des concessionnaires ? La concession est accordée à
charge de payer certaines prestations et d'exécuter
certains travaux. Ces conditions ne sont pas déterminées d'une manière uniforme par une disposition
générale de la loi ; elles sont réglées par l'acte de
concession, dans chaque cas spécial. Le concessionnaire est débiteur « d'une rente annuelle et perpétuelle » dont le chiffre est proportionné à l'impor-

tance de l'immeuble et des dépenses à y effectuer
(ordonnance de 1845, art 6 ; ord. de 1847, art. 5).
Cette rente n'est exigible qu'à l'expiration des délais accordés pour la mise en valeur. En outre, le
concessionnaire est tenu d'accomplir certains travaux, construire, défricher, planter. Enfin, l'ordonnance du 5 juin 1847 l'oblige à fournir un cautionnement de 10 francs par hectare, lorsque la concession est supérieure à 100 hectares.

Un délai est accordé au concessionnaire pour l'exécution des travaux qui lui sont imposés. A l'expiration des délais déterminés, ou avant ce terme, s'il
le demande, une procédure de vérification des travaux s'engage. Elle est dirigée par un inspecteur de
la colonisation (art. 11, ord. de 1847). Si les conditions imposées n'ont pas été remplies, le concessionnaire est déchu de tout ou partie de la concession ;
toutefois, depuis l'ordonnance du 5 juin 1847, il peut
obtenir une prorogation de délai. Son cautionnement est acquis à l'État. L'arrêté ministériel qui prononce la déchéance est un jugement : l'ordonnance
de 1845 dispose formellement qu'il est susceptible
de recours devant le conseil d'Etat, par la voie con-
tentieuse. Si au contraire les conditions sont accom-
plies, le concessionnaire devient propriétaire pur et
simple, la concession provisoire est convertie en concession définitive.

Quelle est la nature de son droit ? Il faut distinguer avec la loi, deux périodes. Après la vérification des travaux, pas de difficultés : il a un titre définitif de propriété. Mais avant cette vérification, a-t-il un droit de créance ? un droit réel ? On a soutenu qu'il a seulement un droit immobilier et conditionnel de créance contre l'État : c'est le droit d'exiger, en cas d'accomplissement des travaux, la délivrance d'un titre de propriété définitive. Ce système semble inexact. Le concessionnaire est propriétaire sans condition suspensive. Les textes lui permettent d'aliéner et d'hypothéquer. Or, la faculté d'aliéner et de constituer hypothèque n'appartient qu'au propriétaire. Sans doute, il a le *jus abutendi* sous réserve de l'autorisation administrative. Mais on ne saurait reconnaître à cette autorisation la vertu de changer la nature d'un droit, de transformer en une propriété véritable ce qui n'était qu'un simple droit personnel.

Nous devons préciser les effets de cette propriété à l'égard des tiers. A quelles conditions, durant la période provisoire, peut-elle être pour le concessionnaire un instrument de crédit ? 1° L'hypothèque, en principe, est constituée avec l'approbation administrative. L'autorisation est donnée en 1841 par le directeur de l'intérieur, en 1845 par le ministre, en 1847 tantôt par le gouverneur général tantôt par le ministre. Les sommes prêtées doivent être employées à construire ou à mettre en culture ; toutefois, l'emploi des fonds n'est point surveillé ; l'État n'est donc pas assuré qu'ils recevront la destination prévue par le contrat.—Quels sont les effets de l'hypothèque autorisée ? Elle est ferme et privilégiée. En cas de déchéance, par dérogation au principe que les immeubles reviennent à l'État libres de toute charge, le créancier conserve le droit de se faire payer sur le prix de l'immeuble. Elle est préférable à toute hypothèque, même antérieure, irrégulièrement consentie au regard de l'État. 2° Il se peut que le concessionnaire ait constitué hypothèque sans autorisation. Quel est le sort de cette hypothèque ? La cour d'Alger jugea d'abord qu'elle était nulle, puis, par un revirement heureux, sa jurisprudence se fixa en sens contraire. Voici les motifs de l'arrêt du 27 mai 1850 : « Attendu que la prohibition prononcée par l'arrêté est purement comminatoire et n'a d'autre but que d'avertir les tiers de l'incertitude des droits du concessionnaire provisoire ; que la nullité des contrats hypothécaires, relatifs à des concessions provisoires, n'est pas prononcée ; que, loin de là, l'article 13, en décidant que l'immeuble pourrait entrer aux mains de l'administration libre de tous droits, charges et hypothèques qui n'auraient pas été autorisés, suppose que des hypothèques non autorisées ont pu être consenties... etc. » Ainsi l'hypothèque prise sans

autorisation est valable si la concession devient définitive, mais elle est nulle en cas de retrait de la
concession.

Si une idée générale se dégage des ordonnances
inspirées par le général Bugeaud, c'est que l'État s'y
montre d'une prudence excessive. Il protège à outrance les droits des divers intéressés : ses propres
droits d'abord. Il ne les abandonne que peu à peu et
comme à regret. Il ne consent l'aliénation de son domaine qu'au prix de formalités lentes et compliquées.
Il se réserve la faculté d'en recouvrer la possession
par une procédure rigoureuse et purement administrative, au cas où les engagements ne seraient point
remplis. Il exige en garantie un cautionnement. —
Ce système protège aussi le concessionnaire : il le dé-
fend contre ses entraînements, au risque de tuer son
crédit ; il déclare la terre insaisissable, en principe,
entre ses mains. — Enfin, il protège les tiers en les
détournant de prêter au concessionnaire. Il soumet
l'hypothèque à l'autorisation administrative : il est
vrai que sous cette condition elle reste valable, malgré les déchéances.

Formalités inutiles et de nature à décourager
ceux qui demandent des terres ; crédit impossible,
faute de liberté de constituer une hypothèse sûre
sans autorisation ; insuffisances des garanties lais-
sées au concessionnaire dont les inspecteurs vérifient

sans contrôle les travaux ; exigence d'un cautionnement ; enfin tolérance fâcheuse à l'égard des concessionnaires qui négligent de prendre possession, voilà
les vices essentiels que reproche au système du maréchal Bugeaud le rapport ministériel qui précède le
décret du 26 avril 1851. Ce décret inaugure notre troisième période (1851-1860).

S'efforçant de tenir compte de ces critiques, le
décret soustrait au contrôle de l'administration
centrale les concessions de minime importance. Il
décide que les concessions de moins de 50 hectares
seront autorisées par le préfet. Il confère au concessionnaire la propriété immédiate des immeubles
qui lui sont attribués, à charge d'accomplir les travaux prescrits : le concessionnaire est donc propriétaire sous condition résolutoire. Il en résulte qu'il
peut immédiatement et sans autorisation aliéner et
hypothéquer, conformément au droit commun.
La vérification des travaux appartient à une commission composée de trois membres, un inspecteur de
colonisation, un agent du service topographique, un
colon qui est désigné par le concessionnaire et
représente ses intérêts. La décision qui déclare
l'immeuble affranchi de la clause de résolution ou
qui prononce la déchéance est transcrite au bureau
des hypothèques. C'est une bonne mesure : cette

publicité met les tiers en garde contre les fraudes possibles du concessionnaire déchu. — Le concessionnaire est dispensé de tout cautionnement. Il est obligé de requérir sa mise en possession dans les trois mois à partir de la date de la concession. Sous le régime de 1841, aucun délai n'était imposé pour prendre possession ; toutefois, cet inconvénient était plus apparent que réel, les travaux devant être exécutés aux termes fixés, sous peine de déchéance.

Quelles sont les critiques qu'a soulevées le décret de 1851 ? puis, d'une manière générale, quels sont les avantages et les inconvénients des concessions ? En 1851, on a réagi contre le système du Maréchal Bugeaud : au régime de protection à outrance, on a substitué le régime de la liberté. En réalité, abstraction faite de quelques améliorations de détail, on n'a changé que les mots. La principale innovation, c'est de reconnaitre au concessionnaire la propriété sous condition résolutoire, de lui permettre l'aliénation et l'hypothèque sans autorisation. Est-ce lui donner un droit plus sûr, non soumis aux chances d'éviction ? Certes non : s'il n'accomplit pas ses obligations, il encourt la déchéance. Est-ce lui procurer un solide instrument de crédit ? Non encore : le décret rappelle deux fois que pendant la période provisoire, jusqu'à l'exécution des travaux, il ne peut

B.   3

constituer qu'une hypothèque incertaine et fragile ;
art. 7 : « les affectations hypothécaires sont régies
par les dispositions de l'article 21 § 5. » art. 11 :
« lorsque la déchéance sera prononcée, l'immeuble
concédé fera retour à l'État franc et quitte de toutes
charges. » En résumé, les différences entre le système
du Maréchal Bugeaud et le système du décret se ré-
duisent à ceci : En 1841, les créanciers qui ont une
hypothèque autorisée conservent le droit de se faire
payer sur le prix de l'immeuble, malgré la déchéance. En 1851, si le concessionnaire a fait des améliorations utiles, il est procédé à l'adjudication de
l'immeuble ; les droits des créanciers hypothécaires
sont transportés sur le prix.

Ces inconvénients étaient fort bien exprimés par
le ministre d'État dans la séance du 5 Mai 1866 :
« Si le colon n'est qu'un concessionnaire gratuit, il
se trouve en présence des obligations de son cahier
des charges. Lorsqu'il demande des capitaux pour
opérer les travaux nécessaires sur ces concessions,
la capitaliste lui répond : quelle garantie m'offrez-
vous ? Une concession à titre gratuit, mais si vous
n'exécutez pas les conditions du cahier des charges,
vous serez frappé de déchéance et alors la propriété
que vous me donnez en gage disparaîtra et me créance avec elle. »

Le décret de 1851 encourt un grave reproche que

ne mérite pas la législation précédente : il a édifiit
un régime de liberté, en permettant la vente des
terres concédées ; désormais on allait solliciter des
concessions non pour les cultiver, mais pour les revendre. « Que penser, disait M. Dutrône, de ceux
qui spéculant sur leur nom, sur leur position dans le
monde officiel pour inspirer au gouvernement une
confiance dont ils n'étaient pas dignes, ont obtenu à
titre gratuit d'immenses concessions, à la charge seulement d'y faire des constructions et de les mettre
en culture, mais qui ne font ni l'un ni l'autre, si ce
n'est quelquefois dans des proportions dérisoires
pour faire semblant d'avoir exécuté le contrat. Au
grand scandale de tout ce qui a le cœur honnête, il est
de notoriété publique qu'ils sont en cas de déchéance
et que cette déchéance serait prononcée s'il n'étaient
puissants. Ces spéculateurs attendent que des travailleurs, des pères de famille dévoués soient allés, au
péril de leur vie, former dans l'intérieur des centres d'activité qui donneront à ces domaines, quoique
incultes, une grande plus value et alors ils vendront.
Ils vendront à des colons sérieux, intentionnellement
au moins, mais ceux là se seront épuisés pour payer à
ces concessionnaires gratuits le lucre de leurs odieu-
ses spéculations et des friches délétères continueront
d'exister là où une culture salubre devrait être florissante » (1).

1. Rap. du 17 Déc. 1849.

Le système des concessions a rencontré des adversaires qui l'ont attaqué de la façon la plus violente. « L'expérience a démontré, dit M. Dalloz, que le système de colonisation qui prend pour point de départ les concessions soit sous condition suspensive soit sous condition résolutoire est le plus défectueux que l'on puisse imaginer et le moins propre à attirer en Algérie des travailleurs et des capitaux. » — « C'est un système déplorable, dit M. Leroy Beaulieu, un régime mauvais. » Ces critiques sont excessives : le système a des inconvénients ; il présente des avantages incontestables. Il est nécessaire au début de toute colonisation. La terre n'a de valeur que par le travail de l'homme : on ne pourrait la vendre ; il faut la donner. Il faut défendre et peupler les possessions nouvelles. On fait appel à ceux qui ne craignent ni les dangers ni les fatigues ; ils n'apportent pas de capitaux, mais apportent leurs bras et font les premiers défrichements.

Il est certain que la législation de 1841 à 1860 fut incessamment variable et compliquée : trop de distinctions, trop d'autorités compétentes, trop de centralisation. D'autre part, les concessions ne s'accordaient qu'au prix de formalités et de démarches. « Des gens pleins de bonne volonté, de confiance, dit M. Dalloz, apportant des ressources réelles se sont fatigués, dégoûtés, ruinés dans les circuits qui

1. Econom. français. 1874.

les menaient, des années entières, du pouvoir militaire au pouvoir civil, des bureaux du ministère à
Paris aux bureaux du gouvernement à Alger. » Il y
a là quelque exagération. Néanmoins il est possible
que les lenteurs administratives aient découragé des
émigrants. Il aurait fallu simplifier les formalités de
délivrance des terres et décentraliser. En outre, les
concessions n'étaient gratuites que de nom : les ca-
hiers des charges imposaient aux colons des conditions rigoureuses, ils leur traçaient des plans de
culture dont ils ne pouvaient s'écarter; ils paraly-
saient leur initiative individuelle. Ceux qui s'expa-
trient ont souvent des goûts d'indépendance. Ils ont
quitté l'Europe pour être dégagés des entraves que
nous impose notre vieille civilisation. Ils souffrent
de la tutelle et de la surveillance minutieuse de l'administration. — La concession sous condition suspensive ou résolutoire, à titre précaire laissait la
propriété dans une incertitude fâcheuse. Le colon
est souvent malheureux et de bonne foi : de mau-
vaises récoltes, des essais qui échouent viennent
tromper ses espérances. Sa situation à l'égard des
tiers est défavorable : il est sans crédit, n'ayant
qu'un gage illusoire à fournir. Personnellement il
se sent menacé d'une éviction : il voit ses peines
perdues, sa ruine consommée; c'est le désespoir.
Et pour sortir de cette impasse il ne peut compter

que sur l'indulgence un peu arbitraire de l'administration. Certes l'État a le droit d'exiger en retour de la concession de ses terres la résidence et le travail : mais il aurait fallu alléger les charges du colon, ne lui imposer que l'obligation de bâtir et de résider, laisser à son initiative le choix des cultures, rendre aussi rares que possible les déchéances.

On a dit que l'un des grands inconvénients des concessions, c'était d'attirer de mauvais colons. « Séduits par l'idée de recevoir un morceau de terre sans rien débourser, des colons se présentaient qui n'avaient ni l'énergie, ni l'expérience, ni les ressources nécessaires » (1). « Ce n'était guère le moyen d'attirer de bons éléments de colonisation, dit M. Cauwès; les agriculteurs sérieux préféraient acheter à subir les lenteurs de la sollicitation, des conditions d'exploitation gênantes et des risques de retrait ». Récemment encore, à la tribune du Sénat, un gouverneur général de l'Algérie, M. Tirman, critiquait les choix des premiers concessionnaires. « On estimait, disait-il, qu'il était bon de concéder des terres à ceux qui avaient rendu des services en Algérie, à leurs familles, aux anciens soldats. Certes le sentiment était excellent, mais ce n'était pas le moyen d'avoir de bons colons. Il ne faut pas que les concessions

1. M. Horace-Giraud. *Rev. contemp.* 16 fév. 1861.

soient considérées en quelque sorte comme des bureaux de tabac ».

Il est certain qu'il faut apporter du discernement
dans le choix des concessionnaires. Mais il faut se
garder des exagérations dans la critique. Le rapport
de M. de Tocqueville en 1849 n'était pas défavorable
à ces premiers colons : « Les familles que l'État a
placées dans les villages, disait-il, appartenaient presque toutes aux classes les plus pauvres de l'Europe.
Rarement elles apportaient un capital quelconque.
On a fort exagéré, en parlant d'eux, le bien et le mal.
On a dit qu'ils étaient sortis de la lie des sociétés européennes, que leurs vices égalaie n leurs insuccès.
Cela n'est point exact. Cette population est moins ré-
gulière dans ses mœurs, moins stable dans ses habitudes que les populations agricoles de l'Europe ;
mais aussi plus industrieuse, plus active et bien plus
énergique. Nulle part le cultivateur européen ne
s'est mieux et plus aisément familiarisé, avec l'a-
bandon, avec la maladie, le dénûment, la mort et
n'a apporté une âme plus virile et pour ainsi dire
plus guerrière dans les adversités et dans les périls
de la vie civile ». En 1848, à la suite de la Révolu-
tion de février qui avait arrêté le travail, on amena
en Algérie beaucoup d'ouvriers parisiens. Cette ten-
tative de colonisation fut amèrement raillée. M. Dutrône, en 1849, prit la défense de ces Parisiens,

« Ces ébénistes, horlogers, ferblantiers dont on a
sans aucune pudeur tant glosé, oubliant le respect
auquel a droit, même dans ses témérités, le père de
famille qui expose sa vie pour créer à ses enfants
un avenir que le sol natal leur refuse, sont devenus
bons terrassiers, carriers, défricheurs. On ne veut
plus envoyer de Parisiens. Pourquoi? C'est impoliti-
que... Souvent les habitants de Paris et de la banlieue sont agriculteurs, jardiniers, charretiers, terrassiers, porteurs d'eau, débardeurs. Ils sont souvent misérables. Ils ont beaucoup de force morale :
les villes recrutent les plus énergiques. Elle est nécessaire contre le découragement. Celui-là qui s'im-
prègne de l'atmosphère de nos ateliers acquiert l'apti-
tude aux perfectionnements ». Il y a dans ce rapport une grande part de vérité : les colonies appel-
lent des ouvriers autant que des agriculteurs.

Il faut reconnaître encore que les concessions gratuites sont onéreuses à l'Etat. Il a souvent transporté
à grands frais les colons. Il a dû parfois leur fournir
le bétail et les instruments de travail. Ces dépenses
ont paru exorbitantes. « Le résultat obtenu par
l'Etat, disait M. de Tocqueville, est entièrement hors
de proportion avec l'effort qu'il a fait pour l'atteindre. » Cependant en 1860, 83,000 cultivateurs occupaient les 280,000 hectares concédés; de l'aveu même
d'une circulaire ministérielle en date de 1862, on

devait au système des concessions deux cents villes
ou villages. Ce résultat n'est pas négligeable, surtout si l'on considère que la pacification était à peine
achevée et que le mauvais vouloir de l'administration avait plusieurs fois arrêté le courant d'immigration.

En résumé le régime des concessions encourait de
graves reproches : il ne pouvait être conservé sans
de profondes modifications. Mais il ne faut pas mé-
connaître qu'il organisait véritablement le peuplement et la mise en valeur du sol. En 1860 on en vit
les inconvénients, sans en comprendre les avantages,

2. *Vente*. — En 1860, les idées chères aux éco-
nomistes triomphent. Or l'école orthodoxe préconise
en matière de colonisation la vente des terres. Le
décret du 25 juillet 1860 leur donne satisfaction.

L'État ne met pas ses terres en bloc à la disposition des acheteurs. Il ne laisse pas à leur initiative
le soin de déterminer les immeubles qui sortiront
du domaine. Il groupe les terres qu'il entend aliéner, de manière à constituer des périmètres de colonisation. La création de ces périmètres est antérieure à 1860 : elle est prévue par l'arrêté du 18 avril
1841 (art. 1), par l'ordonnance du 21 juillet 1845
(art. 3). Dès l'origine, on a formé des centres de colonisation et c'est dans leurs limites que les terres
ont été concédées. — Le décret du 25 juillet 1860

(Titre 1) contient une innovation. Les périmètres de colonisation étaient déterminés par une ordonnance royale (Ord. de 1845.) Ils seront désormais préparés par les préfets ou les généraux, arrêtés par le ministre. Une circulaire ministérielle (22 avril 1852) et une circulaire du maréchal de Mac-Mahon (29 décembre 1864) recommandent d'étudier de la façon la plus sérieuse les projets de périmètres. Leur superficie doit être aussi considérable que possible, comprendre au moins 6000 hectares: on veut grouper un grand nombre d'Européens. Il faut s'attacher surtout à établir les périmètres aux emplacements les plus favorables. On vérifiera : 1° si le pays est facile à défendre et si la sécurité des colons est assurée. 2° si la situation des lieux est satisfaisante au point de vue économique. La lettre impériale du 20 juin 1865 constate certains insuccès: on a fondé des établissements à 100 lieues de la mer, sans communication faciles, sans débouchés pour les denrées. Faute de routes, les colons payent très cher tout ce qu'ils achètent et ne peuvent écouler leurs produits.

La décision ministérielle qui arrête un périmètre réserve les terres propres à la fondation des villes ou des villages, à la formation des communaux. Elle met les autres parcelles à la disposition des acquéreurs. Elle est accompagnée d'un plan de lotissement et d'un tableau indicatif des lots. Elle est insérée au bulletin officiel.

Le mode normal d'aliénation des parcelles, c'est la vente à prix fixe. La mise en vente est annoncée par voie d'affiches : le plan du lotissement et le tableau, déposés au bureau des domaines restent deux mois à la disposition du public. En outre, le ministre peut ordonner telles autres mesures de publicité qu'il juge convenables. L'État vendeur est représenté par le receveur des domaines. On n'exige des acheteurs que la capacité de droit commun : les étrangers et les indigènes ne sont pas écartés. Le même individu peut se rendre acquéreur de plusieurs lots. Le prix de chaque lot est arrêtée par le ministre sur l'avis d'une commission et depuis le décret du 31 décembre 1864, par le gouverneur général, le conseil général entendu. Dans l'intérieur du même périmètre il est invariable et fixé à tant par hectare. Il est payable par tiers, dont un tiers au comptant et les deux autres tiers, d'année en année. Depuis le décret de 1864 il est payable par cinquièmes. La vente est définitive par le fait seul de la signature du contrat, sans être subordonnée à aucune ratification administrative. En effectuant son premier versement, le vendeur reçoit une quittance, qui lui tient lieu de titre provisoire et lui permet de se faire mettre immédiatement en possession

Dans le délai d'un mois on lui remet une expédition de son contrat. Il n'est tenu qu'à compléter le paiement de son prix : il est affranchi de toute charge relative à la mise en v·l ur du sol.

La vente aux enchères suppose des terrains d'une valeur exceptionnelle. On a recours aux enchères : 1° si plusieurs personnes se sont présentées le même jour pour acquérir un lot mis en vente à prix fixe. L'enchère publique est alors ouverte à huitaine et le lot est acquis au plus offrant. La vente est définitive par la signature du procès-verbal d'adjudication, sans autorisation administrative. 2° Lorsqu'il s'agit d'aliéner des terrains auxquels des travaux antérieurs d'appropriation, une situation privilégiée telle que la proximité d'une route importante ou d'une ville, une facilité d'irrigation extraordinaire donnent une valeur spéciale. Les enchères publiques sont entourées de toutes les précautions nécessaires pour obtenir un prix avantageux. L'adjudication n'est valable qu'après l'approbation du ministre.

Les ventes de gré à gré sont permises au profit des départements, des communes et des établissements publics. Elles ne sont autorisées en faveur des particuliers qu'en cas d'indivision, d'enclave, de préemption légale ou de possession de bonne foi.

Elles sont précédées d'une estimation contradictoire.

Les biens domaniaux peuvent être encore aliénés
par voie d'échange, après estimation contradictoire
par experts. Les échanges font cesser les enclaves
nuisibles à la colonisation ; ils procurent à l'administration les immeubles dont elle a besoin.

Enfin des concessions peuvent être accordées mais
très exceptionnellement. Elles sont consenties au
profit de cultivateurs pauvres ou d'anciens militaires ; elles permettent de fonder les centres de population dont la création est exigée par un intérêt
politique ou administratif. Les lots concédés ne
peuvent être supérieurs à 30 hectares. Le concessionnaire n'est tenu qu'à la construction d'une maison. Le décret de 1864 n'autorise les concessions
que dans les circonstances où elles sont comman-
dées par la nécessité publique.

Quels ont été les résultats de la vente des terres
domaniales ? Il est certain qu'à partir de 1860 la colonisation prit un rapide essor. En 1863, l'État ven-
dit à prix fixe 5079 hectares en 193 lots, aux enchères 2410 hectares en 280 lots. Ces ventes aux
enchères rapportèrent en 1.007.241 francs. En 1884,
110.553 cultivateurs possédaient 567.277 hectares.
Mais il convient d'ajouter que les terres mises en
vente n'étaient pas complètement incultes : les ter-

res adjugées aux enchères étaient des terres de
choix. Ce n'est pas seulement au nouveau mode
d'aliénation des terres qu'il faut attribuer ce courant d'émigration, c'est aussi à la bonne volonté de
l'administration attestée par la création du ministère de l'Algérie.

Il est certain que la vente des terres domaniales
présente de réels avantages. Elle ne comporte ni
lenteurs ni difficultés. L'acheteur paye son prix et
entre en possession de la terre. Il est affranchi de
toutes charges : son initiative n'est point gênée :
échappant aux craintes de résolution, il a plus d'ar-
deur au travail, de goût aux améliorations. Il peut,
s'il a besoin de crédit, hypothéquer la terre libre
entre ses mains. « L'achat des terres par le colon,
dit M. Cauwès, est la meilleure de toutes les garanties pour le recrutement d'un personnel de colonisation, muni de ressources suffisantes, ayant l'habitude
de l'épargne et le goût de la propriété. » L'acheteur
qui cultive voudra en effet retrouver son capital : ce
sera un stimulant. Enfin la vente constitue une ressource pour le Trésor.

Mais il faut bien reconnaître qu'elle présente de
graves inconvénients. Le décret de 1860 avait le
grand tort de laisser aux indigènes le droit d'acquérir les terres de l'État qui auraient dû constituer le
domaine exclusif de la colonisation. D'ailleurs il ne

semble pas que la vente soit de nature à favoriser le
peuplement. L'acheteur déchargé de toute obligation échappe à la surveillance de l'État. Il paye un
prix (souvent dérisoire), puis il est libre. Il peut se
dispenser de résider ; il peut laisser sa terre en fri-
che, au grand détriment de l'État et des cultivateurs sérieux qui mettraient le sol en valeur. Les
capitalistes cherchent surtout à spéculer. Que d'acquéreurs ont simplement voulu faire acte de commerce, acheter pour revendre !

Des auteurs considérables et même des circulaires
ministérielles ont répété que la vente des terres était
introduite à l'exemple de l'Amérique où elle avait
donné d'excellents résultats. Nous renvoyons sur ce
point à l'étude aussi intéressante que complète de
M. Corniquet sur le homestead. Sans doute, de 1783
à 1841, les États-Unis ont vendu les terres domaniales. Mais il faut remarquer, que jusqu'en 1820,
le gouvernement de l'Union n'a pas suivi un plan
rationnel de colonisation ; il n'avait qu'une préoccu-
pation : procurer des ressources au Trésor que les
guerres d'indépendance avaient épuisé. « Le système des ventes au comptant et sans fixation de ma-
ximum, dit M. Corniquet, ne produisait pas d'heureux résultats ; ce fut une fièvre générale de spéculation. » Lorsqu'on eut rétabli l'ordre dans les
finances, on chercha à fixer sur le sol des colons ani-

més de l'intention loyale d'exploiter et de défricher. On substitua aux ventes au comptant les ventes à crédit : l'acheteur ne payait qu'un quart de son prix au moment du contrat. On espérait attirer les cultivateurs qu'aurait effrayés l'obligation de verser immédiatement une somme importante. Le système des ventes à crédit ne donna point les résultats attendus. Les spéculations prirent même un développement nouveau : les acquéreurs ne purent revendre les terres qu'ils s'étaient procurés à crédit, l'offre étant trop considérable ; ils restèrent débiteurs de l'État et on aboutit à une crise économique.

« Le spéculateur, voilà l'ennemi. » Tel était en 1841 le cri général. L'act de préemption porta une première atteinte au système des ventes et à la libre concurrence qui est de son essence. Il établissait un privilège en faveur de celui qui s'est fixé sur le sol et a construit une maison ; l'occupation donnait le droit d'acquérir la terre en écartant tout compétiteur. L'achat de nouvelles terres domaniales était interdit au propriétaire de plus de 120 acres : c'est une précaution qu'a négligée notre décret de 1860. Le système de préemption constituait un progrès certain : cependant il n'écarta pas les fraudes résultant d'occupations fictives. D'ailleurs, il serait impossible en Algérie où les terres libres sont rares et où le colon qui veut fonder un établissement doit respecter les droits des indigènes.

Il semble que le régime des terres ait trouvé aux États-Unis sa dernière formule avec le système du home stead. Il a, parait-il, donné des résultats merveilleux. C'est la concession au colon résidant de bonne foi (*bona fide settler*). Tout requérant a droit à 160 acres de terres. Une seule condition est imposée : la résidence effective pendant cinq ans. Durant ce délai la terre est insaisissable entre ses mains. La sanction de son obligation, c'est la déchéance ; s'il l'exécute, il reçoit un titre définitif.

L'exemple des États-Unis nous parait instructif. Les Américains ont essayé de tous les systèmes. Les ventes des terres domaniales ont donné chez eux de mauvais résultats : elles n'ont encouragé que les spéculations. Les concessions, au contraire, à charge seulement de résider, ont été chez eux un excellent instrument de colonisation.

§ 3.— *Concessions aux Alsaciens-Lorrains.* — Après la guerre de 1870 et la cession de nos provinces, beaucoup d'Alsaciens Lorrains optèrent pour la nationalité française. On eut l'idée de leur offrir des terres en Algérie. Les décrets de 1871 (21 juin, 25 septembre et 16 octobre, Titre I), déterminent les conditions de ces concessions. L'État met 100.000 hectares à la disposition des émigrants : il s'oblige

B.   4

à créer des centres de population pourvus d'eaux
alimentaires, de voies de communication, d'écoles,
de mairies, d'églises. Il transporte gratuitement les
nouveaux colons, leur prête un matériel de campe-
ment jusqu'à leur installation ; chaque chef de famille, aussitôt après son arrivée est mis en possession d'un lot dont l'étendue est en rapport avec le
nombre des membres et l'importance des ressources de la famille. Les colons doivent être aptes
aux travaux agricoles et disposer au moins de 5.000
francs. Ils s'engagent à habiter et à exploiter les
terres concédées. Le cahier des charges ne leur impose ni délais ni conditions précises et rigoureuses
de cultures : on laisse toute liberté à leur initiative.
S'ils cessent de résider avant d'avoir mis leurs terres
en valeur, la déchéance de la concession peut être
prononcée. S'ils exécutent loyalement leurs obligations, ils sont affranchis de la clause résolutoire et
déclarés propriétaires définitifs.

BAIL DE COLONISATION. — Le décret du 16 octobre
1871 après avoir arrêté des dispositions spéciales à
l'égard des Alsaciens-Lorains (Titre I), organise un
mode nouveau et original d'aliénation des terres au
profit de tous les autres colons (Titre II). Il n'abroge
pas expressément le décret de 1860 qui semble
tombé en désuétude. Le régime des ventes, ac-

cueilli au début « comme un véritable progrès (1) »
a cessé de donner les résultats attendus : d'autre
part les confiscations après l'insurrection de 1871
ont procuré beaucoup de terres. On revient en réalité au système des concessions sous une forme assez
étrange.

Le bail de colonisation peut être consenti par le
gouverneur général au profit de tout Français d'origine Européenne (à l'exclusion par conséquent des
indigènes naturalisés). La contenance du lot est li-
mitée : chaque tête de résidant (hommes, femmes,
enfants, serviteurs à gages) donne droit à 3 hectares
au moins et à 10 hectares au plus. Le locataire paye
annuellement et quelle que soit l'étendue de son lot
la somme de *un franc*. En outre il s'engage à entretenir sur l'immeuble un certain nombre d'Européens
et à résider neuf ans ; le décret de 1874 réduit à 5
ans la durée de la résidence. Ces délais expirés, il
reçoit un titre définitif de propriété.

Quelle est la nature de son droit ? C'est, aux
termes du décret « une location, sous promesse de
propriété. » Deux systèmes peuvent être soutenus.
1° Il est propriétaire conditionnel. Le mot « location » n'a pas son sens ordinaire. En effet, le contrat de louage ne se conçoit pas sans un prix : or le
loyer est évidemment fictif, étant fixé invariable-

1. Circulaire du Maréchal de Mac-Mahon.

ment à la somme de un franc. Le législateur n'a pas
voulu, à l'exemple du décret de 1851, donner au
colon la propriété sous condition résolutoire : il a
exprimé cette intention en le désignant sous le nom
de locataire, qui empêche de le considérer comme
un propriétaire immédiat. Mais sa volonté n'est pas
douteuse, en présence des mots « promesse de propriété » : il faut reconnaitre au colon la propriété sous
condition suspensive. Quelques arrêts d'Alger ont
suivi cette doctrine. « Le droit conféré par l'État au
concessionnaire de terres, dit l'arrêt du 21 juillet
1880, est en réalité un droit de propriété subor-
donné à l'accomplissement de certaines conditions. N'étant pas simplement locataires mais propriétaires sous certaines éventualités, les intimés…
etc. »

L'intérêt de ce système, c'est que le colon peut
hypothéquer durant la période provisoire : le décret
n'a pas voulu lui refuser le droit de consentir une
hypothèque ; il n'a pas organisé à son profit d'autre
moyen de crédit. Sans doute, les droits qui s'établissent du chef du concessionnaire sont assez fragiles :
(art. 2125). Mais si la condition s'accomplit, en
vertu de l'effet rétroactif le colon sera réputé propriétaire du jour où il est entré en possession et
l'hypothèque sera maintenue.

2° Nous estimons préférable le système consacré

par la jurisprudence définitive de la cour d'Alger :
Arrêt du 31 mai 1884 : « Attendu que le bail de terres domaniales sous promesse de propriété définitive
ne confère pendant sa durée à celui qui en bénéficie
d'autre droit que celui d'un locataire ; que le titu-
laire d'un tel bail ne devient propriétaire des immeubles dont il jouit qu'au moment où un titre définitif de propriété lui est délivré et à partir seulement de la délivrance de ce titre, la propriété res-
tant jusque-là au domaine de l'Etat, etc. ». Ce système laissé aux mots leur véritable valeur : le décret a imaginé un régime nouveau et il l'exprime
très clairement ; le colon est d'abord locataire ; puis,
« en fin de bail » (art. 10), la location est « convertie en titre définitif de propriété ». Il y a donc
deux contrats successifs : 1° un louage ; 2° une aliénation au jour du titre définitif, sans rétroactivité.
Le premier contrat est bien à titre onéreux : le colon fournit une véritable prestation, en exécutant
son obligation de résider. En vertu du louage, il n'a
qu'un droit de créance contre l'Etat : il peut exiger
que l'Etat lui assure la jouissance de l'immeuble
qu'il occupe. Il ne pourrait agir contre un tiers qui
apporterait à sa jouissance un trouble de droit, par
exemple en revendiquant une servitude : l'action appartient à l'Etat. Il doit avertir l'Etat des usurpa-
tions qui peuvent être commises sur le fonds. En

somme il est tenu de toutes les obligations, il a tous les droits d'un preneur ordinaire qui ne sont pas corrélatifs au paiement d'un prix en argent. Il a encore quelque chose de plus : une créance immobilière, mais éventuelle, en vertu de sa promesse de propriété.

Durant le bail, le colon ne peut hypothéquer l'immeuble, chose d'autrui : c'est conforme aux intentions du législateur qui a, sans doute, compris les inconvénients des emprunts. Mais peut-il hypothéquer les constructions qu'il a élevées. La difficulté ne se présente pas seulement en Algérie ; elle est plus générale ; en droit commun, le locataire peut-il hypothéquer les constructions qu'il a édifiées sur l'immeuble loué? C'est une question très controversée. 1° D'après M. Laurent, « la négative n'est point douteuse ». Alors même qu'elles sont sa propriété en vertu d'une clause du bail, les constructions ne peuvent être hypothéquées. Le droit du preneur sur les constructions est identiquement le même que sur l'immeuble, objet du bail : c'est un droit mobilier. On n'hypothèque pas les meubles. 2° Nous préférons le système de la cour de cassation. Il est indiqué par MM. Aubry et Rau : « On peut hypothéquer les édifices et superficies formant une propriété immobilière distincte de celle du fonds ». Il y a lieu de distinguer. Si les constructions n'ont pas été exé-

cutées en vertu d'une clause du bail ou d'un contrat
subséquent, il semble qu'elles appartiennent au propriétaire par droit d'accession ; le locataire ne peut
les hypothéquer. Si, au contraire, il résulte d'une
clause ou même des circonstances que le bailleur a
renoncé à son droit d'accession, s'il a autorisé par
exemple à enlever les constructions, le preneur a un
droit temporaire de superficie qu'il peut hypothéquer. En ce sens, l'arrêt de cassation du 7 avril
1862. « Attendu que si les constructions édifiées sur
le terrain d'autrui sont réputées appartenir au propriétaire de ce terrain, alors même qu'il est prouvé
qu'elles ont été faites par un tiers et à ses frais, cette
présomption n'est pas absolue ; que, toutes les fois
que par suite de conventions intervenues entre les
parties il est démontré que le maître du sol a entendu
renoncer au bénéfice du droit d'accession, le tiers
qui les a élevées avec ses matériaux en reste propriétaire jusqu'à l'époque fixée pour leur démolition,
etc ».

Remarquons d'ailleurs que dans le décret de 1871,
rien ne semble impliquer l'abandon de l'Etat, propriétaire du sol, à son droit d'accession. En cas de résiliation par la déchéance du cessionnaire, celui-ci n'est
pas autorisé à enlever les constructions ; il n'a droit
qu'à une indemnité, obtenue en mettant l'immeuble en adjudication. Un arrêt d'Alger du 7 novembre 1874, par interprétation des décrets de 1871 et

1874 lui refuse le droit d'hypothéquer les constructions. « Attendu que d'après le droit commun
la propriété du sol emporte la propriété du dessus
et du dessous ; qu'alors même qu'il serait
constant que sous l'empire du code civil, les constructions édifiées par un locataire et lui appartenant peuvent-être hypothéquées par lui, ce principe serait sans application dans la cause ; que le
décret de 1874 ne fait aucune distinction entre les
immeubles qui font l'objet du bail et les constructions à édifier sur ces immeubles, avec lesquels
elles forment un tout indivisible et dont elles suivent
le sort... etc. »

Le locataire sous le régime de 1871 n'avait donc
aucun moyen de crédit. Il fallut chercher à lui procurer ce crédit, sans lequel le colon dénué de ressources ne peut vivre. Ce fut l'objet du décret du 16 octobre 1872.

Le décret autorise tout locataire à transférer en
garantie le droit de céder son bail. Mais ce transfert
n'est valable qu'à deux conditions : 1° Il faut que le
prêt soit consenti pour permettre au locataire, soit
d'édifier des constructions, soit d'acquérir un cheptel ou des semences. 2° Il doit être accepté par le
préfet. Comment s'opère le transfert ? Le décret
exige une double formalité : mention de l'acte de
transfert sur chaque exemplaire du bail, transcription au bureau des hypothèques. Quels sont les droits

du créancier ? A défaut de paiement, il peut, soit requérir la mise aux enchères du droit au bail, soit céder le bail à un tiers et se rembourser sur le prix. Mais, dans ce dernier cas, il doit notifier l'acte de cession au locataire qui conserve le droit de requérir l'adjudication. De même que la purge de l'immeuble hypothéqué sauvegarde les droits des créanciers hypothécaires menacés par une vente à l'amiable ; de même cette notification qui peut aboutir à une mise aux enchères protège le locataire contre une cession frauduleuse ou à vil prix. En cas d'adjudication, s'il ne se présente pas d'acquéreur, le créancier peut se faire attribuer les constructions, ainsi que le sol sur lequel elles sont établies. Si la déchéance du locataire est prononcée, le créancier peut exercer immédiatement son droit.

Il est assez difficile de préciser le caractère juridique de la sûreté établie par le décret de 1872. En fait elle se comprend bien : le décret de 1871 a reconnu au locataire le droit de céder son bail après deux années de résidence ; ce droit est dans le patrimoine du locataire ; il a une certaine valeur si le locataire a réalisé sur l'immeuble des améliorations. Le décret de 1872 autorise à transférer en garantie ce droit. Depuis 1872 le concessionnaire a deux facultés qu'il ne faut pas confondre. 1° Il peut aliéner son droit au bail. 2° Il peut le donner en garantie. Après avoir transféré en garantie le droit de cession, le locataire peut céder à un tiers le droit au bail comme on peut céder tout droit grevé d'un privilège ou d'une hypothèque. Mais, pourrait-on objecter, le locataire a transféré le droit de céder son bail : dès lors il n'a plus ce droit de cession, il a renoncé à toute cession ultérieure. Cette objection ne tiendrait pas compte des mots « transfert en garantie ». Il n'abandonne le droit de cession qu'à titre de garantie et dans la mesure où la sûreté foarnie aux créanciers l'exige : certes le créancier à un droit de préférence contre lequel aucune cession postérieure ne peut prévaloir ; sous cette restriction le locataire conserve tous les droits que la loi lui reconnait. Les formalités de publicité qu'établissent les deux décrets protègent suffisamment les intéressés : le créancier avant le prêt doit se renseigner au bureau des domaines où les cessions qui pourraient avoir été consenties par le locataire lui seront révélées ; elles ne sont valables à l'égard des tiers que si elles ont été notifiées au receveur des domaines de la situation des biens. (Décret de 71., art. 10). Quant à l'acquéreur du droit au bail il peut facilement connaître les transferts en garantie antérieurs : ils sont transcrits au bureau des hypothèques et mentionnés sur chaque exemplaire du bail. Cette double publicité lui donne une sécurité parfaite.

Supposons que le locataire transfère en garantie

son droit au bail, puis cède ce même droit. Le créancier, à l'échéance, peut faire vendre le droit au bail, ce qui rend la cession inopérante : le cessionnaire n'a qu'une ressource, c'est de désintéresser le créancier. On conçoit encore un conflit entre deux cessionnaires successifs : celui qui le premier aura notifié son contrat au receveur sera préférable. Enfin il se peut que le locataire ait transféré en garantie son droit au bail à des créanciers successifs : il faudra considérer la date des transcriptions. Lors de l'adjudication le prix sera distribué aux créanciers dans l'ordre des dates. Toutefois une difficulté s'élève s'il ne se présente pas d'adjudicataires : dans ce cas il semble que le premier créancier pourra se faire attribuer les constructions : le droit de ceux qui ont transcrit à des dates postérieures est éteint par la mise aux enchères : ils auraient pu venir à l'adjudication et surenchérir. Il faut bien reconnaître que le droit des créanciers postérieurs est à peu près illusoire : si le premier créancier cède le bail à un tiers et si le locataire ne requiert pas l'adjudication, ils ne seront même pas prévenus et ne pourront intervenir.

Il est une hypothèse que le décret n'a pas prévue. Il se peut que la condition de résidence soit accomplie, que le locataire soit en droit d'exiger la délivrance d'un titre définitif, sans que le créancier soit désintéressé. Quelle est alors la situation du créan-

cier ? Il aurait dû requérir l'adjudication avant l'expiration des délais. Il faudrait, semble-t-il, décider
que son droit de préférence est perdu, faute d'objet.
Il portait sur le droit de céder le bail. Or, ce droit
de céder le bail a disparu en même temps que le bail
a pris fin. Sans doute le créancier peut saisir l'immeuble qui devient la propriété définitive du concessionnaire, mais il doit subir le concours des autres créanciers. Cette solution toutefois paraît bien
rigoureuse : le créancier se verra dépouiller de son
droit parce qu'il n'a pas poursuivi impitoyablement.
D'autre part, l'intervention de l'État représenté par
le préfet dans le contrat de transfert pourrait avoir
quelqu'effet à son égard : on admettrait assez volon-
tier que l'État se refusât à délivrer au concessionnaire un titre définitif avant sa libération. On a proposé, dans le conseil de gouvernement, de mention-
ner sur le titre définitif la somme due au créancier,
ce qui lui aurait donné un privilège. On a proposé
d'inscrire d'office une hypothèque : ce serait hardi
en l'absence de texte.

Quelle est la nature juridique de la sûreté organisée par le décret de 1872 ? On a soutenu que c'é-
tait une hypothèque privilégiée, un droit réel *sui generis* au profit du créancier. Ce n'est point exact ;
le locataire ne peut constituer d'hypothèque ou de
droit réel n'étant point propriétaire. M. Lacoste,

dans un article remarquable, (1) enseigne que c'est
un privilège *sui generis*, s'exerçant sur le prix et subsi-
diairement sur l'immeuble. Ordinairement, les privilèges se conservent par une inscription, non par
une transcription. « La sûreté, dit M. Lacoste, en
tant qu'elle porte sur l'immeuble, constitue moins
un privilège proprement dit qu'une translation éventuelle de la propriété des constructions. » — Il semble que cette sûreté est le gage du code civil : le locataire met en gage sa créance contre l'État, son
droit au bail. Le code exige la signification au débiteur ou son acceptation : l'État accepte le transfert.
Quant à la transcription, c'est une constatation du
transfert sur les registres du conservateur à titre de
publicité. Ce système paraît plus simple. Il tient
compte des expressions de la loi : « transfert en garantie » d'un droit que nous considérons comme un
droit de créance. Sans doute, le droit au bail est ac-
compagné d'un droit éventuel à la propriété qui est
certainement immobilier. Mais ce droit éventuel à la
propriété nous paraît absolument subsidiaire, tout à
fait indépendant de la créance résultant du bail.
Tandis que le décret de 1871 autorise le locataire à
céder son droit de bail et son droit éventuel à la concession de la terre, le décret de 1872 ne permet de
transférer à titre de garantie que le droit de céder
le bail. Il est vrai que si l'adjudication ne réussit pas.

1. *Rev. Alg.* 1885.

le créancier peut se faire attribuer les constructions :
ce n'est là qu'un procédé particulier d'exécution de
la créance, imaginé en faveur du crédit du locataire.

Le décret du 3 août 1874 abroge les décrets du 16
octobre 1871 et du 10 octobre 1872. Il en reproduit
les dispositions avec quelques modifications peu im-
portantes. Le système du bail de colonisation et les
sûretés organisées en 1872 sont intégralement maintenus : toutefois les locations de terres pourront être
consenties aux Français naturalisés d'origine Africaine et même aux indigènes non naturalisés en récompense de leurs services à l'armée. La durée du
bail est de cinq ans ; le droit au bail ne peut être
cédé avant l'expiration de la troisième année ; il peut
être transféré en garantie après deux ans. Une disposition de rigueur à l'égard des célibataires : ils ne
peuvent recevoir plus de 10 hectares. Pour la première fois apparaît la distinction entre les lots de
villages concédés sur le territoire d'un centre de population et les lots de ferme isolés.

Les lots de village ne peuvent excéder 50 hectares ; les lots de ferme peuvent atteindre 100 hectares. L'administration est autorisée à aliéner aux
enchères publiques les lots de ferme. Il est interdit
à l'acquéreur de revendre sa terre à des indigènes
non naturalisés avant dix ans.

En réalité les décrets de 71 et de 74 sont un retour au système des concessions. Sous le nom de

bail de colonisation, c'est un stage que l'Etat impose au concessionnaire ; c'est la période provisoire des anciennes ordonnances. On n'est pas revenu au système de 1851 qui favorisait les péculations, mais au système de 1841. La sûreté organisée par nos décrets, c'est au fond l'hypothèque de 1841, ferme et privilégiée, autorisée par l'administration. Il est vrai que le concessionnaire n'est plus soumis aux obligations minutieuses de culture et de mise en valeur : c'est un progrès incontestable.

Il n'est donc pas étonnant qu'on ait repris quelques des critiques qu'avait soulevées la législation de 1841. On a surtout reproché au système de 1871-1874 d'être coûteux. Et ce n'est pas sans quelque apparence de raison. De 1871 à 1881, on a concédé plus de 500,000 hectares. On a dépensé 57 millions pour installer 3,600 familles, environ 14000 personnes. Ne peut-on pas dire comme autrefois M. de Tocqueville : « Le résultat obtenu est hors de proportion avec l'effort réalisé. » On a reproché encore au système de 71-74 d'avoir mal organisé le crédit du concessionnaire. Enfin on a estimé que l'obligation rigoureuse de résider pendant 5 ans présentait de graves inconvénients.

§ 4. *Régime actuel.* — Depuis le décret du 30 septembre 1878 les terres domaniales peuvent être aliénées par voie de concessions gratuites. Elles peuvent aussi être vendues. Elles sont divisées en lots de village de 40 hectares et en lots de ferme de 100 hectares.

Les concessions sont consenties par le gouverneur général, ou, sur délégation du gouverneur, par le préfet ou par le général commandant le territoire militaire. Peuvent être concessionnaires, les Français d'origine européenne et les Européens naturalisés ou en instance de naturalisation. C'est aux colons que le décret entend réserver les terres domaniales ; les indigènes, naturalisés ou non, ne peuvent recevoir de concessions qu'à titre de récompense pour des services exceptionnels et dûment constatés. En outre, il est interdit aux indigènes non naturalisés d'acquérir pendant 20 ans les terres provenant de lots de ferme et pendant 10 ans celles qui proviennent de lots de village. Le décret prévoit les calculs de spéculateurs qui seraient tentés d'user de leur influence pour se faire attribuer de vastes domaines : les concessionnaires déjà pourvus ne peuvent obtenir une nouvelle concession. Mais il faut exiger des colons les moyens d'exécuter les premiers travaux : ils doivent justifier de ressources dont l'appréciation appartient au gouverneur, s'ils demandent un lot de village ; ils doivent être propriétaires d'un capital représentant 150 francs par hectare, s'ils sollicitent un lot de ferme.

Le concessionnaire est propriétaire sous condition suspensive. Il s'engage à résider sur la terre pendant

5 ans. Les délais de résidence sont réduits à 3 ans, s'il peut justifier d'une dépense moyenne de 100 francs par hectare. Il peut être dispensé de la résidence, mais seulement s'il a un lot de ferme, pourvu qu'il s'oblige : 1° à installer et à maintenir sur la concession une ou plusieurs familles européennes pendant cinq ans ; 2° à employer en améliorations utiles une somme représentant une dépense moyenne de 150 frans par hectare. — Le décret prend des précautions pour que l'obligation de résidence soit loyalement exécutée. Le concessionnaire est tenu, à peine de déchéance, de se faire mettre en possession dans les six mois et d'installer sa famille dans l'année. Il ne peut s'absenter plus de six mois sans autorisation. A l'expiration de la période quinquennale ou triennale, il adresse au préfet une demande en délivrance d'un titre définitif. Si la condition de résidence est accomplie, la propriété définitive des terres concédées lui appartient. Si le préfet estime que sa demande doit être écartée, l'arrêt de rejet lui est notifié dans les deux mois : il a le droit de faire opposition devant le conseil de préfecture. En confirmant l'arrêt de rejet, le conseil peut reconnaitre que des améliorations ont été réalisées sur la terre : dans ce cas il fait mettre le lot aux enchères et attribue au concessionnaire une partie du prix. Il peut aussi lui abandonner une partie de son lot à titre d'indemnité.

B   5

L'article 7 du décret contient une innovation intéressante. Il prévoit la formation de sociétés de colonisation. Ce ne sont pas des sociétés de commerce, munies de droits régaliens, comme ces grandes compagnies du XVIIe et du XVIIIe siècle dont M. Leveillé a maintes fois signalé les inconvénients. Ce sont des sociétés de peuplement. Des terres sont mises à leur disposition, mais elles n'en deviennent pas propriétaires : elles s'engagent à les transmettre gratuitement aux colons dans un délai déterminé. Elles ne jouent qu'un rôle d'intermédiaires.

Comment le crédit du concessionnaire est-il organisé ? Il peut céder sa concession après un an de résidence, sous l'approbation du préfet. Il peut l'hypothéquer, à plusieurs conditions. 1° Les sommes prêtées sont nécessairement destinées à des travaux de construction, à des travaux agricoles ou à l'acquisition d'un cheptel. 2° L'acte d'emprunt constate la destination des fonds empruntés ; l'emploi doit en être ultérieurement établi par quittances et autres documents justificatifs. Ce sont des garanties que la législation antérieure avait négligées : souvent le concessionnaire empruntait et dissipait les deniers. Le prêteur est responsable de l'emploi des fonds : s'il veut invoquer son hypothèque, il doit prouver qu'ils ont été utilisés conformément à la destination prévue au contrat. Il a donc intérêt à surveiller, à n'effectuer ses versements qu'au fur et à mesure des travaux. D'ailleurs l'hypothèque n'est plus soumise à l'autorisation administrative. En cas d'adjudication sur saisie, le prix de l'immeuble est distribué entre les créanciers dans l'ordre de leurs inscriptions. S'il n'est pas absorbé, le concessionnaire peut réclamer sur le reliquat une indemnité égale à la valeur estimative des améliorations qu'il a réalisées ; cette indemnité est fixée par le préfet, sauf recours devant le conseil de préfecture. Le surplus du prix appartient à l'État.

On s'est demandé si le concessionnaire peut hypothéquer pour d'autres causes que les travaux prévus au décret, ou si sa liberté est enchaînée à cet égard 1° On peut très bien soutenir que toute hypothèque est interdite, si ce n'est dans les cas où la loi l'autorise. On invoque en ce sens les termes de l'article 12 : « Les attributaires ne peuvent consentir d'hypothèque qu'au bénéfice des prêteurs qui fournissent les sommes destinées... etc. » Cette prohibition générale d'hypothéquer est une condition de la concession ; elle pourrait être absolue ; le législateur a voulu ne l'écarter que dans une hypothèse de faveur. Cette opinion a été soutenue par un arrêt d'Alger (11 mars 1883) : il s'est appuyé sur l'article 1182 don. il donne une interprétation qui paraît inexacte. Voici les motifs de l'arrêt : « Attendu qu'au termes de l'article 2, la propriété de l'immeuble n'a été attribuée au concessionnaire que sous condition suspensive ; attendu que dès lors ce dernier n'est pas encore propriétaire de l'immeuble et ne le deviendra qu'après l'accomplissement de la condition (art. 1182) ; attendu qu'il suit de là, qu'en principe, et en dehors du cas spécial prévu par l'article 12 du décret, l'immeuble n'est pas susceptible d'hypothèque du chef du concessionnaire ou de ses ayants droit. »

2° Une autre opinion, consacrée par la jurisprudence définitive, paraît préférable. L'article 2 donne au concessionnaire la propriété sous condition suspensive. Etant propriétaire, il peut hypothéquer, sous réserve de l'application de l'article 2125. — Mais quel sera l'effet de cette hypothèque consentie par lui en dehors des conditions des articles 12 et 13 ? Il faut distinguer. Durant la période provisoire, si l'immeuble est saisi et vendu, le prix appartient aux créanciers qui ont une hypothèque pour dépenses d'amélioration ; en second lieu, au concessionnaire, s'il a fait des améliorations (il tombe dans son patrimoine et devient le gage de tous ses créanciers) ; en troisième lieu à l'Etat (art. 14). Il n'y a plus de place pour les créanciers qui ont une hypothèque ordinaire ; ils ne peuvent se plaindre, leur droit était conditionnel comme le droit de leur auteur et l'adjudication empêche la condition de s'accomplir. Si, durant la période provisoire, l'immeuble est cédé volontairement, quel est le sort des créanciers hypothécaires qui ne peuvent se prévaloir de l'article 11 ? Ils conservent leur droit, car celui de leur auteur n'est pas anéanti ; ils peuvent exercer leur droit de préférence sur le prix ; mais ils perdent le droit de suite qui consiste dans la faculté de faire la surenchère du dixième : en effet ils n'ont pas le droit de saisir ni de requérir la mise aux enchères. — Supposons, au contraire, la condition accomplie ; le concessionnaire a reçu un titre définitif ; tous les droits qui s'étaient établis de son chef durant la période provisoire sont consolidés. Mais il semble que l'hypothèque pour dépenses d'amélioration est préférable aux hypothèques pour toute autre cause, même antérieurement inscrites. Elle a la valeur d'une hypothèque privilégiée ; vis-à-vis d'elle les autres hypothèques sont non avenues et n'ont pu prendre rang. Le prix de l'immeuble sera donc attribué en premier lieu aux créanciers qui ont l'hypothèque privilégiée, en second lieu aux autres créanciers hypothécaires, dans l'ordre de leurs inscriptions, en troisième lieu au concessionnaire, l'Etat n'ayant plus aucun droit. La jurisprudence paraît ralliée définitivement à ce système. Nous citons un jugement du tribunal d'Oran (10 décembre 1890) ; « Attendu qu'aux termes de l'article 2125, toute personne qui n'a sur l'immeuble qu'un droit suspendu par une condition peut consentir une hypothèque soumise à la même condition ; attendu que l'article 12 du dé-

cret, en édictant que, pendant la période de concession provisoire, les concessionnaires ne peuvent consentir d'hypothèque sur l'immeuble concédé qu'au
bénéfice des prêteurs se trouvant dans les conditions
déterminées par cet article, déroge au droit commun et qu'il entend seulement conférer à ces prêteurs un privilège vis-à-vis des autres créanciers hypothécaires du concessionnaire, mais non frapper
de nullité les inscriptions hypothécaires prises au
profit de ces derniers, au cours de ladite période,
en vertu, soit de contrat, soit de jugement... etc ».
(Voir aussi : tribunal d'Orléansville, 31 mai 1887,
Rev. Alg. 87. 2. 375. — Arrêt d'Alger, 22 octobre
Rev. Alg. 90. 2. 515).

§ 5. — *Projets de lois.* — Il nous reste à examiner les projets de lois présentés aux Chambres depuis 1878.

En 1878 MM. Gastu et Jacques ont demandé la suppression absolue de la concession.

Un projet de loi a été déposé le 18 mars 1880 à la
Chambre des députés. En principe, les terres domaniales seront aliénées par voie de concession gratuite.
« Sous le régime de 1878, dit l'exposé des motifs,
la validité de l'hypothèque est subordonnée à des
conditions et à des justifications qui font reculer le
prêteur. Comment peut-il surveiller lui-même, pendant des années, à des distances infinies, sans moyens
de contrôle, l'emploi de son argent ». D'une part le

projet crée une hypothèque ferme et privilégiée au bénéfice du prêteur qui fournit les capitaux destinés aux constructions ou aux travaux agricoles : cette hypothèque prime toutes les hypothèques légales et judiciaires même antérieures. D'autre part, le prêteur est dispensé de justifier l'emploi de ses fonds. Quelle est alors la garantie de l'Etat? L'attributaire de terres domaniales frappé de déchéance sans avoir employé sur la concession les fonds empruntés à cette fin en reste débiteur envers l'Etat. On peut estimer cette garantie illusoire : le concessionnaire sera rarement solvable. — Les terres domaniales peuvent aussi être vendues : l'acquéreur a la faculté de constituer des hypothèques privilégiées.

Un autre projet complétant le précédent a été déposé le 7 juillet 1880. L'exposé des motifs constate que le courant d'immigration s'est affermi et développé et que les terres domaniales vont faire défaut. Désormais les lots de ferme et les terres de pacage ne pourront être aliénées que par vente aux enchères. Les autres terres domaniales seront vendues ou concédées : la concession conférera la propriété sous condition résolutoire. Les attributaires de biens domoniaux seront tenus, à peine de déchéance, de résider trois ans au moins : c'est la seule innovation véritable du projet. Qu'importe que le colon soit propriétaire sous condition suspensive ou résolutoire?

Ce second projet marquait un retour au système de 1860 : il ne fut même pas discuté. Quant au premier projet, il fut singulièrement modifié dans la discussion. Le Sénat refusa de dispenser le créancier de la justification des sommes prêtées. Le projet fut abandonné.

Le 20 avril 1886 le gouvernement a présenté au Sénat un projet ayant pour objet d'assurer le développement de la colonisation à l'aide des ressources domaniales. Le gouverneur général sera autorisé à vendre les immeubles domaniaux de toute origine autres que les bois et forêts et les immeubles réservés à un service public. Le produit de ces ventes formera un fonds exclusivement affecté aux dépenses de colonisation. Les immeubles non utilisables pour la colonisation seront vendus selon les règles de la législation ordinaire, pour procurer des ressources à l'Algérie. Quant aux immeubles directement utilisables pour la colonisation, ils ne pourront être vendus qu'à des Français. Ils seront divisés en lots de ferme et en lots de village. Les lots de ferme seront toujours vendus aux enchères. « En raison de leur étendue et de leur valeur parfois très importante, dit l'exposé des motifs, ces lots seront toujours l'objet de nombreuses compétitions. » Les lots de village seront vendus aux enchères ou à prix fixe : les enchères ont l'inconvénient d'arrêter l'immigrant, l'issue de l'adjudication étant incertaine. Lorsqu'on aura opté pour la vente à prix fixé les acquéreurs seront choisis parmi les demandeurs présentant le plus de garanties pour le peuplement effectif et le développement agricole du territoire. Une partie du prix sera remise aux acquéreurs de lots de village qui auront résidé trois ans et construit une maison. — Le système des concessions n'est pas abandonné : les lots de village peuvent être concédés. « En pays arabe, il est tel territoire domanial où il peut devenir nécessaire de créer un centre de population Européenne. » Les concessionnaires devront résider cinq ans : toutefois la durée de la résidence pourra être réduite à trois ans, s'ils ont construit une maison et réalisé des améliorations. L'hypothèque privilégiée, subordonnée à l'emploi des deniers, est supprimée : le concessionnaire aura le droit d'hypothéquer, suivant les règles du droit commun.

Le 19 décembre 1889, le Sénat a adopté ce projet auquel il a toutefois fait subir des modifications. Le système des concessions est absolument écarté. La commission du Sénat a craint les abus, les concessions trop fréquentes, sous prétexte de sécurité. « Comment, a dit M. Jacques, les centres isolés pourraient-ils être créés avec chances de succès dans les régions en dehors du mouvement agricole, commercial et industriel ? Comment pourraient-ils assurer la sécurité ? » Exception est faite toutefois en faveur des indigènes. Ils peuvent obtenir des terres à titre de récompense pour services exceptionnels et dûment constatés.

Le système des ventes doit être désormais exclusivement appliqué. On ne peut acheter qu'un lot dans une même vente ; les Français d'origine européenne ont seuls le droit d'acquérir les terres domaniales ; leur solvabilité doit être reconnue suffisante par le gouverneur général. Un long débat s'est engagé au sujet des terres qui seront distraites du domaine forestier pour être aliénées. M. D'Haussonville évaluait l'étendue de ces terres à 200.000 hectares ; l'administration à 10.000 hectares seulement. Le ministre a nommé des commissions chargées de déterminer sur place « les terres inutiles à la conservation des forêts et du régime des eaux. » Le Sénat a discuté longuement la disposition du projet frappant les personnes qui possèdent plus de 20 hectares de terres domaniales de l'incapacité d'acquérir de nouvelles terres durant dix années. « Si vous excluez, a dit M. de Larcinty, tous ceux qui ont réussi en cultivant 20 hectares, vous écartez tout ce qu'il y a de bon en Algérie. » M. Labiche estime inique d'empêcher un propriétaire d'étendre son domaine en se procurant les terres à sa convenance. En outre, les terres vendues par l'État vont être frappées d'une inaliénabilité presque absolue. Elles ne pourront être achetées par le détenteur des terres voisines. Cette inaliénabilité sera un obstacle au crédit : le

préteur ne pourrait réaliser son gage, faute d'acheteurs. MM. Jacques et Boulanger ont fort bien ré-
pondu que la loi doit être une loi de peuplement.
Son but est d'introduire en Algérie le plus grand
nombre possible de Français : « La France, a dit M.
Boulanger se trouve en présence d'une population
indigène considérable, contre laquelle il faut se défendre en lui imposant le contrepoids de la population européenne. » La disposition attaquée, en tenant à l'écart ceux qui sont déjà détenteurs de terres
domaniales permet d'offrir ces terres à de nouveaux
colons. En outre, elle fait obstacle à l'accaparement
des terres et à la spéculation sur les immeubles.

CHAPITRE II.

Des lois qui ont eu pour objet de procurer à la colonisation la propriété indigène.

Les terres domaniales n'ont pas suffi aux besoins de la colonisation. De nombreuses dispositions législatives sont intervenues : 1° pour faciliter aux Européens l'acquisition de la propriété indigène (§ 1) ; 2° pour procurer aux acquéreurs un titre sûr (§ 2).

§ 1. — 1. Dès l'origine, les transactions immobilières entre Européens et indigènes sont fréquentes. Le rapport de l'ordonnance de 1846 constate qu'au lendemain de la conquête, beaucoup d'acquisitions ont été faites. Les premiers actes des pouvoirs publics interdisent les aliénations d'immeubles au profit des Européens, si ce n'est à Alger et dans la banlieue. Ces prohibitions ont un double objet. 1° On veut éviter aux Européens des déceptions certaines : les vendeurs sont généralement de mauvaise foi. 2° On craint surtout les difficultés d'ordre politique qui peuvent résulter des relations entre indigènes et Européens. Il est prématuré de pénétrer dans les tribus : la présence des colons peut aggraver les mécontentements.

En 1844 le pays est assez solidement occupé ; la pacification s'achève. Cependant l'ordonnance du 1ᵉʳ octobre 1844 (Titre III) maintient, à peine de nullité, la prohibition générale d'acquérir les immeubles. Exceptionnellement les acquisitions sont permises, 1° dans les limites assignées aux établissements européens ; 2° même en dehors de ces limites, mais seulement en vertu d'une autorisation spéciale et personnelle. « Il faut, dit le rapport de 1844, protéger les indigènes, imposer un frein aux marchés de terres, empêcher sur des points éloignés la création d'intérêts qui se croiraient un droit à la protection de l'armée ».

II. Loi de 1851. — Avec la loi du 16 juin 1851, les restrictions générales à la liberté des transmissions disparaissent : toutefois les territoires des tribus restent inaliénables. Art 14. « Chacun a le droit de disposer de sa propriété de la manière la plus absolue. Néanmoins, aucun droit de propriété ou de jouissance portant sur le sol du territoire d'une tribu ne pourra être aliéné au profit de personnes étrangères à la tribu. » Le projet du gouvernement permettait l'aliénation des territoires des tribus avec l'autorisation administrative ; la commission de l'Assemblée nationale jugeait préférable de les laisser

hors du commerce. Cependant M. Henri Didier, rapporteur de la loi, avait fort bien compris que l'organisation des tribus était le principal obstacle à nos
progrès en Algérie. « Les tribus, disait-il, sont de
grandes unités qu'il serait nécessaire de briser et de
dissoudre au plus tôt, puisqu'elles sont le levier de
toute résistance à notre domination. »

A l'Assemblée nationale deux opinions se produi-
sirent. Les uns, plus téméraires, estimaient qu'il
était temps de pénétrer dans la société arabe, de
commencer à désagréger les tribus. M. Barbaroux
critiqua le projet de l'article 14 : il déposa un amendement écartant la prohibition d'aliéner au profit
d'Européens en territoire de tribus : «Par votre article, dit-il, vous faites obstacle à ce qu'on pénètre
dans les tribus dans lesquelles il n'y a absolument
aucun élément étranger et c'est précisément ce qu'il
ne faudrait pas faire. Ne sait-on pas que, dans les
moments difficiles, on est heureux qu'il y ait dans
les tribus des éléments étrangers, parce qu'ils sont
interposés entre elles et l'insurrection. Il est très
heureux que les tribus s'égrènent. Les hommes qui
se jettent au milieu des Arabes, qui y acquièrent la
propriété, ces hommes là sont ceux qui font le plus
pour l'assimilation : cette assimilation que vous cher-
chez, vous voyez bien que vous l'attaquez dans son
essence. » D'autres, plus prudents, représentaient

les dangers que courraient les acquéreurs européens,
isolés au milieu des Arabes. « Vous savez, dit le général Lamoricière, l'antagonisme qui existe entre
les populations européennes et indigènes. Nous n'en
sommes pas arrivés à ce point où une ferme peut
vivre au milieu des tentes. Quel que soit le nombre
des soldats que vous entretiendrez en Algérie, il serait impossible de protéger une colonisation, si elle
se faisait sans ordre, avec la liberté individuelle
d'acheter sur le territoire des tribus les terrains qui
paraîtraient susceptibles d'être cultivés avec le plus
d'avantage. » M. Barbaroux répondit : « Il convient
de laisser pénétrer l'homme qui va dans les tribus
dans notre intérêt et dans l'intérêt de notre civilisation parce qu'il n'y a pas de danger qu'il se jette au
milieu des tribus étrangères et éloignées : ce sera
toujours dans les tribus les plus voisines qu'il ira, à
notre plus grand bénéfice. »

Contre ces arguments, on invoqua des raisons d'ordre politique. « Permettre l'établissement d'Européens sur les territoires des tribus, avait dit le rapporteur, serait porter une première atteinte à l'organisation de la société arabe, provoquer partout la
défiance, peut-être la révolte. » Ces idées furent dé-
fendues à la tribune par le général Lamoricière :
« La tribu répond de la sécurité de son territoire :
elle se gouverne elle-même, s'administre elle-même,

garde son territoire et répond de tout ce qui s'y passe ;
de plus elle vous paye l'impôt : moyennant quoi,
vous lui permettez de suivre sa religion, de suivre
ses pratiques et de vivre au milieu de ses institutions
communales et locales. Eh bien, si vous permettez
à des étrangers appartenant à des religions différentes de venir s'établir au milieu de cette tribu, de
désorganiser cette unité, vous êtes obligé de substi-
tuer la centralisation aux institutions locales, de vous
immiscer dans l'administration de la totalité des tribus du pays. Savez-vous ce qu'il en résultera ? Des
dépenses impossibles à supporter. Il faut, jusqu'à ce
que les tribus aient été profondément modifiées
dans leur existence, dans leur vie sociale, les laisser
s'administrer elles-mêmes et ne pas s'introduire sur
leurs terres. » L'amendement Barbaroux fut re-
poussé : l'Assemblée vota l'article 14.

Quelle était exactement la portée de l'article 14 ?
On avait reconnu, lors de la discussion au conseil
d'État, qu'en territoire civil, les transactions étaient
libres : l'administration française était organisée : on
pouvait sans inconvénient dissoudre les tribus. Toutefois le décret du 8 août 1854 disposa, qu'en territoire civil, les propriétés individuelles seraient seules
soustraites à l'inaliénabilité de l'article 14.

En territoire militaire, fallait-il déduire des termes
généraux de l'article 14, qu'en principe aucune

terre n'était aliénable ? Une exception s'imposait :
Les villes et leurs banlieues n'appartenant pas aux
tribus, leurs immeubles restaient soumis au droit
commun. Mais que décider à l'égard des biens melk,
de propriété individuelle certaine, constatée par
titres ? En 1851 la question ne s'était pas posée :
on ne croyait pas que le melk pût exister en territoire de tribus. Les motifs tout politiques de la prohibition semblaient interdire l'aliénation des melks :
on n'avait pas voulu qu'il fût permis aux Européens
de pénétrer dans les tribus. Un décret du 16 février
1859 autorisa à les acquérir ; mais cette mesure fut
presque immédiatement rapportée par un autre décret de la même année (7 mai). Néanmoins la cour
d'Alger (arrêt du 22 janvier 1864) admit que la prohibition ne s'appliquait pas aux immeubles sur lesquels existait un droit de propriété individuelle.

III. SÉNATUS-CONSULTE DE 1863. — Le sénatus-
consulte de 1863 est un des actes les plus importants
et les plus originaux de notre législation Algérienne.
Il a tenté une œuvre difficile en essayant de favoriser à la fois deux intérêts opposés, celui des indigènes et celui des colons. En effet, il précise les
droits des indigènes sur les terres d'Algérie ; il re-
nonce au domaine éminent de l'État ; théoriquement, il est possible qu'on se soit trompé en affir-
mant qu'il y a là une libéralité ; en fait, il est cer-

tain que le sénatus-consulte met fin au système du cantonnement, ce qui lui vaut des droits à la reconnaissance des indigènes. Mais il faut considérer le sénatus-consulte sous un autre aspect : il n'est point indifférent aux intérêts de la colonisation : il tend à détruire dans les tribus les entraves qui s'opposent à l'aliénation du sol ; c'est bien moins pour faire connaître aux Arabes les bienfaits de la propriété individuelle que pour faciliter aux Européens l'acquisition des terres.

Lors de la discussion du sénatus-consulte, une minorité demandait la suppression des tribus. Le rapport de M. de Casabianca combattit cette opinion. « On s'exposerait, disait-il, à donner aux membres d'une tribu, des terrains qui appartiendraient à ceux des tribus voisines. » En réalité, la question se posait comme en 1851. Fallait-il désorganiser la tribu, l'unité politique, administrative, territoriale, à laquelle on n'avait pas osé toucher jusqu'alors ? Le Sénat craignit de bouleverser trop profondément la vieille société arabe. Constituer la propriété individuelle, c'était le but : il fallait l'atteindre progressivement et par étapes. On adopta à une grande majorité le projet du sénatus-consulte qui ordonnait de reconnaître les limites de la tribu, puis les limites du douar, sa subdivision naturelle, avant d'atteindre les limites de la propriété familiale ou individuelle. Ainsi trois opérations successives allaient être réalisées : Art. 2. « Il sera procédé administrativement et dans le plus bref délai : 1° à la délimitation des territoires des tribus ; 2° à leur répartition entre les différents douars ; 3° à l'établissement de la propriété individuelle entre les membres de ces douars.

Le règlement d'administration publique du 23 mai 1863 déterminait la procédure à suivre en exécution du sénatus-consulte. Les opérations étaient confiées à des commissions désignées par le gouverneur général et présidées par un officier général ou supérieur ; elles étaient aidées de sous-commissions chargées de préparer les travaux ; des indigènes représentaient les intérêts des tribus et des douars près des commissions et des sous-commissions. Des décrets du chef de l'Etat désignaient les tribus dans lesquelles il serait procédé aux délimitations et aux répartitions : on commençait par les tribus les plus voisines des centres. Les limites du territoire de chaque tribu étaient reconnues, indiquées dans un mémoire descriptif et repérées sur le terrain : les commissions statuaient sur les contestations qui pouvaient s'élever entre les représentants des tribus. Elles avaient le *jus adjudicandi*, le droit de modifier exceptionnellement les situations acquises de rectifier les limites conformément au tracé qui leur semblait préférable et d'attribuer à telle ou telle tribu les terrains revendiqués de part et d'autre. La délimitation n'était définitive qu'après avoir été sanctionnée par décret.

Les territoires des tribus étant délimités, les commissions procédaient immédiatement à la répartition du territoire de chaque tribu entre les douars. Par « douar », il fallait entendre toute agglomération, si petite qu'elle fût, représentant un intérêt distinct, dans le groupe plus considérable de la tribu. Les commissions réservaient les biens communaux de la tribu ; elles pouvaient attribuer une partie de ces communaux, à titre de compensation, aux douars qui avaient subi quelque distraction de de territoire.

En troisième lieu, les commissions devaient préparer un projet d'allotissement des territoires à partager entre les familles et les individus, « en tenant compte, autant que possible, de la jouissance antérieure, des coutumes locales, et de l'état des populations. » On attribuerait un lot de 10 hectares à chaque famille ayant un attelage de bœufs ; il comprendrait de préférence les champs qu'elles cultivaient et possédaient héréditairement. Les familles tombées dans le dénûment ne devaient pas être rigoureusement exclues. Des titres seraient délivrés aux propriétaires. Ces partages ne s'appli-

queraient qu'aux terres de culture ; on laisserait en
dehors les communaux. — Au cours de leurs opérations, les commissions pouvaient rencontrer des
melks, propriétés individuelles déjà constituées :
les revendications des propriétaires étaient adressées
dans un délai assez bref au président de la commission et communiquées aux représentants des tribus
et des douars. Si la tribu ou le douar avait un droit
à invoquer sur l'immeuble revendiqué, le débat
contradictoire était porté devant le tribunal civil ;
faute d'opposition, à l'expiration des délais déterminés, le revendiquant était déclaré propriétaire.

Les deux premières opérations des commissaires
eurent pour résultat immédiat de trancher de nombreux litiges relatifs à la possession des terrains
limitrophes entre les tribus ; et aussi de fixer les
Arabes sur le sol, en déterminant d'une façon définitive les territoires que pouvait occuper leur
tribu. Elles avaient abouti en 1870, à la délimitation de 376 tribus, divisées en 570 douars. Sur
6,970,000 hectares, elles avaient précisé les droits
des tribus et des douars et constitué des groupes
de melks et de terres arch.

Quant à la troisième opération, qui était la plus
importante puisqu'elle constituerait la propriété individuelle, on devait prévoir qu'elle s'achèverait
moins rapidement. M. de Casabianca avait dit : « Il

faut maintenir entre les mains du gouvernement une
faculté qui selon qu'il en sera fait usage avec prudence ou témérité pourra avoir des conséquences
utiles ou dommageables. Il sera opportun, dans
quelques cas, de constituer la propriété individuelle
dans la famille de certaines tribus qui y auraient été
préparées par des relations d'habitudes ou d'intérêts avec les Européens. Il pourra convenir, au contraire, de maintenir l'indivision dans les tribus moins
en contact avec nous : l'indivision est d'ailleurs, en
général, dans les mœurs des indigènes et nous ne
pouvons avoir la prétention de changer ces mœurs
par notre seule volonté. » En fait, le gouvernement,
avant 1870, s'était montré si prudent que nulle part
les commissions n'avaient commencé la troisième
opération. Le général Chanzy constatait officielle-
ment, le 1ᵉʳ juillet 1875, que l'établissement de la
propriété individuelle entre les membres des douars
n'avait eu lieu dans aucune des 724 tribus qui ha-
bitent l'Algérie.

Dans quelle mesure, en 1870, la propriété indigène était elle aliénable au profit des Européens ?
Les melks pouvaient être partout l'objet des transactions. Quant aux terres arch, dont la propriété
était reconnue aux tribus par le sénatus-consulte,
elles étaient divisées en biens communaux et en
terres de culture. Les douars étant personnes ci-

viles pouvaient aliéner les terres communales. Ils
étaient représentés par la djemma, sous la surveillance de l'administration qui accordait difficilement
l'autorisation de vendre. « Il faut les empêcher,
disait M. Robe, de deshériter les générations futures
pour satisfaire à l'intérêt du moment. » Le prix des
terres vendues était déposé à la caisse des contributions directes : il en était fait emploi au profit du
douar. Le douar ne pouvait aliéner les terres de
culture. Comme elles étaient sa propriété et non la
propriété des individus qui le composent, ceux-ci
ne pouvaient en disposer jusqu'au jour où elles seraient partagées entre eux. Art. 1. « La propriété
individuelle qui sera établie au profit des membres
des douars ne pourra être aliénée que du jour où
elle aura été régulièrement constituée par la délivrance des titres. » En somme, les terres de culture
étaient inaliénables.

Peu d'œuvres législatives ont été attaquées comme
le sénatus-consulte. On lui a reproché son origine
irrégulière, le Sénat n'ayant qu'un pouvoir constituant. On a dit que ses auteurs avaient étouffé les
protestations qui s'étaient élevées lors de sa discussion : les délégués des provinces n'auraient pu obtenir une audience pour faire entendre leurs légiti-
mes griefs ; on aurait écarté sommairement les pé-

titions auxquelles le rapport de Charles Dupin était
favorable, etc ».

On s'est plaint vivement des avantages qu'il assu-
rait aux Arabes. Avant 1863, les droits des indigènes
étaient incertains ; la théorie du domaine éminent
de l'Etat était en faveur. On avait imaginé le système
du cantonnement : il consistait à diviser les territoires des tribus en deux parts ; l'une était acquise
à l'Etat qui en disposait au profit des colons ; l'autre
était laissée à la tribu. Le système paraissait légitime. Les indigènes possédaient des terres dispro-
portionnées à leurs besoins ; on pouvait les resser-
rer sur leurs territoires. Leurs droits étaient mal définis ; l'Etat renonçait à toute prétention et aban-
donnait la propriété incommutable des territoires
qu'il leur laissait. « Il est facile, avait dit M. de Tocqueville, d'amener une tribu qui a un territoire trop
vaste pour elle-même, mais qu'elle ne possède pas,
à en céder une partie, à la condition d'obtenir la propriété du reste. Le titre qu'on donne est le prix de
la terre qu'on retient ». De 1856 à 1863, l'Etat s'é-
tait procuré par voie de cantonnement 61,633 hectares. Déjà en 1849, M. Dutrone s'était élevé contre
le cantonnement : « Beaucoup de ces malheureux,
disait-il, ont été tellement harcelés par les refoule-
ments réitérés, par les cantonnements qu'ils sont
retournés à la montagne où se sont acheminés vers

le désert pour y rejoindre les populations insoumises. Notre manière de procéder nous déshonore aux yeux des Arabes: elle fait prédire que nous n'aurons rien réalisé en Afrique, sauf la restauration de la foi Punique ».

Le sénatus-consulte aboutissait à la suppression du cantonnement. « Il a tranché la question, disait M. Cahn, dans le sens le plus défavorable à la colonisation » (1). Les colons ne virent que les avantages accordés aux Arabes. Ils ne comprirent pas que la constitution de la propriété leur permettrait d'acquérir ultérieurement le sol de l'Algérie. M. le Vicomte Lanjuinais, dans un discours fort spirituel, fit entendre leurs plaintes au corps législatif. « Le système qu'on expose dans la lettre de l'empereur du 6 février 1863 est absolument contraire au développement de la colonisation. Après avoir parlé de la répartition de la terre entre les indigènes et les Européens, la lettre dit : « Aux indigènes, les cultures naturelles, les céréales, l'élevage du bétail, l'élevage des chevaux ». C'est-à-dire tout ce qu'il est possible de faire avec profit en Algérie. Et puis : « Aux Européens, à l'intelligence, à l'activité des Européens, les cultures perfectionnées, c'est-à-dire le tabac et le coton ». Or il est bon que vous sachiez que sur 589,000 hectares cultivés par les Européens, il y en a seulement 8000 cultivés en coton et en tabac;

1. Propriété indigène.

c'est-à-dire que pour exécuter la pensée qui a été si malheureusement inspirée au Souverain et qui, j'aime à le penser, n'était pas la sienne, il faudrait expulser de l'Algérie les 100,000 individus qui se livrent à la culture naturelle, qui élèvent des bestiaux, qui font du blé, de l'orge, de l'avoine et pas autre chose. Vous comprenez que quand les colons voient de pareilles choses et les reçoivent de si haut, certainement ils les reçoivent avec respect, mais ils les reçoivent quelquefois aussi avec désespoir... Par l'application du règlement peu conforme aux règles de l'économie politique que le gouvernement applique quelquefois avec un peu de précipitation dans notre commerce, il est défendu aux Européens d'acheter rien des 11 millions d'hectare appartenant aux Arabes, mais il est permis aux Arabes d'acheter la totalité des 519,000 hectares appartenant aux Européens ».

IV. Lois de 1873 et de 1887. — En 1870 les Européens ne possédaient en Algérie que 738.000 hectares : c'est à peu près l'étendue en France d'un département et demi. La véritable colonisation agricole et individuelle ne détenait que 483.000 hectares, c'est-à-dire un peu moins que le territoire d'un de nos départements moyens : c'était environ la trentième partie du Tell qui s'étend sur plus de 13 millions d'hectares. Les musulmans n'avaient pas encore accepté notre

domination ; la grande révolte de 1871 enlevait à
cet égard toute illusion ; il fallait renoncer au rêve
de l'empire arabe. L'avenir de nos possessions al-
gériennes ne serait assuré qu'à condition de déterminer un nouveau courant d'émigration, d'établir
au milieu des tribus un groupe solide de Français.
Mais les colons ne viennent que s'il y a des terres à
leur offrir ; le domaine reconstitué grâce au séquestre allait devenir insuffisant. Il fallait mettre la propriété indigène à la disposition des acquéreurs
européens. Ce fut l'objet de la loi des 27 juillet-9
août 1873.

La loi de 1873 n'abroge pas le sénatus-consulte. Le
rapporteur de la loi a déclaré formellement « qu'il était
confirmé dans toutes ses dispositions. » Les instructions du gouverneur général sont très explicites :
« L'article 2 du sénatus-consulte prescrivait de procéder, 1° à la délimitation du territoire des tribus.
2° à leur répartition entre les différents douars.
3° à l'établissement de la propriété individuelle entre les membres des douars. Les deux premières
opérations ont été effectuées dans 402 tribus sur
723. La troisième opération du sénatus-consulte n'a
eu lieu dans aucune. Il s'agit maintenant : 1° dans
les douars sénatus-consultés de procéder à cette troisième opération ; 2° dans les tribus non sénatus-
consultées de procéder aux trois opérations. » La

loi de 1873 poursuivait donc l'exécution du sénatus-
consulte. Mais on estimait que les opérations de délimitation comportent des lenteurs inutiles ; on voulait marcher plus vite à la constitution de la propriété individuelle dans les tribus non délimitées ;
on appliquerait en une seule fois l'ensemble des opérations de l'article 2.

La loi de 1873 abroge le règlement du 23 avril
1863 qui déterminait les formes d'application du
sénatus-consulte. Elle organise une procédure nouvelle. Des arrêtés du gouverneur général publiés et
affichés désignent les territoires soumis aux opérations prévues par la loi. Un commissaire enquêteur
est nommé. Il se fait remettre tous les registres,
pièces et documents qui peuvent lui être utiles, puis
assisté d'un géomètre et d'un interprète, il se transporte sur les lieux.

Supposons qu'il opère dans un douar sénatus-
consulté. Les immeubles ont été délimités et clas-
sés sous la dénomination de groupes de melks
et de groupes de terrains collectifs de culture.
Il y a fait accompli : le commissaire enquêteur
teur doit respecter l'œuvre des commissions de 1863.
Il lui reste, dans les groupes de melks, à désagréger
le groupe, en délimitant et en constatant chaque
propriété privée ; dans les groupes de terres arch,
à déterminer pour chaque ayant-droit les terres dont

'l a la jouissance effective et à constituer la propriété privée, réserve faite des communaux.

Supposons qu'il opère dans une tribu où les opérations du sénatus-consulte n'ont pas été poursuivies. Il doit délimiter la tribu, mais sans entreprendre une opération distincte : la délimitation résulte suffimment de l'ensemble du travail. Il doit proposer la répartition du territoire de la tribu en douars. Pour constituer la propriété une double opération est nécessaire. 1° D'abord, dans chaque douar, le commissaire fait un classement des terres. Il les distribue: 1° En terres domaniales. 2° Terres communales (autrefois terres arch de communauté). 3° Terres de propriété collective (autrefois terres arch de culture). 4° Terres de propriété privée (autrefois terres melk). Mais nous savons que terres de propriété collective et terres de propriété privée sont également dans l'indivision. A quels indices le commissaire distingue-t-il les unes des autres? On classe comme terre de propriété privée, tout immeuble dont la jouissance appartient à plusieurs individus, étrangers l'un à l'autre ou formant une *seule* famille, avec un droit de propriété bien caractérisé, à titre définitif. On classe comme terre de propriété collective tout immeuble dont la jouissance appartient à *plusieurs* familles, sans droit défini, à titre précaire ou provisionnel. « C'est, dit M. Robe, le caractère définitif ou provisionnel de la jouissance qui sert de base au classement. » En résumé quel est le résultat de cette première opération ? « Elle met chacun, disait M. Warnier rapporteur de la loi, en demeure de faire connaitre les titres qu'il peut avoir à la possession du sol ; et se termine par un acte d'administration déclaratif du droit constaté. »

II° La seconde opération, c'est précisément la constatation ou la constitution de propriété qui est poursuivie dans les douars sénatus-consultés. Dans les groupes qu'il a reconnus de propriété privée, le commissaire délimite et constate chaque propriété. En premier lieu il met les propriétaires en demeure d'indiquer les limites de leurs fonds ; les limites d'un fonds reconnues, il passe au fonds voisin, procédant de proche en proche. Ces opérations peuvent soulever des difficultés : il reçoit les contestations qui se produisent sur la question de la propriété ; il dresse procès-verbal des prétentions des parties et indique ses conclusions ; la décision appartient à l'autorité judiciaire. En second lieu il détermine à l'aide des pièces justificatives les quotes-parts qui reviennent aux propriétaires indivis ; il constate les droits de chacun et les traduit par une fraction simple. Le recours contre sa décision est porté devant le tribunal. Remarquons que cette délimitation, cette constatation

de la propriété privée n'est point le partage, qu'elle
ne fait pas sortir de l'indivision : le commissaire
enquêteur n'a pas qualité pour opérer le partage, la
division matérielle de l'immeuble entre les divers
ayants droit : la loi dispose formellement « que le
partage ne pourra être poursuivi qu'après la délivrance des titres en vertu de l'art. 815 du code civil. » Cependant les instructions du gouverneur général décident que le commissaire devra réaliser sans
frais le partage réel consenti entre les intéressés.
Les opérations du commissaire-enquêteur aboutissent à la délivrance d'un titre provisoire qui devient
définitif, s'il n'est pas contesté dans les trois mois
devant l'autorité judiciaire. — Dans les groupes reconnus de propriété collective, il ne s'agit plus de
constater la propriété individuelle ; elle n'existe pas :
il faut la constituer. Les opérations du commissaire
enquêteur n'ont plus pour objet de reconnaître un
droit : elles échappent à l'action des tribunaux :
elles ont le caractère d'un acte purement administratif et ne relèvent que de la décision du gouverneur général. Le commissaire détermine pour chaque ayant droit les terres dont il a la jouissance effective : les instructions disposent que « l'indigène
sera constitué propriétaire de toutes les terres qu'il
utilise, soit pour ses labours, soit pour ses trou-
peaux. » D'ailleurs il ne s'agit pas d'arriver à cons-

tituer la propriété par individu, mais par unité familiale. Les individus qui composent chaque famille peuvent sortir de l'indivision aux conditions indiquées par l'article 815 : même ils ne peuvent être contraints, en vertu d'une convention, à différer le partage plus de cinq ans. C'est le droit commun.

La loi du 28 avril 1887 et le décret du 22 septembre complétèrent la loi de 1873 et apportèrent quelques améliorations heureuses. La loi de 1887 décida, que dans les tribus non sénatus-consultées, il serait procédé d'abord aux opérations de délimitation et de répartition prescrites en 1863. Le décret chargea des commissaires délimitateurs, sous la surveillance d'une commission administrative, 1° de reconnaître les limites des tribus et des douars ; 2° de classer les divers groupes de propriété en distinguant les immeubles de l'État, les immeubles communaux, les terres de propriété privée qui seraient ultérieurement soumises aux opérations de constatation, les terres de propriété collective qui seraient soumises aux opérations de constitution. On estimait que la loi de 1873, en ordonnant d'accomplir simultanément les trois opérations du sénatus-consulte avait compliqué à l'excès la tâche du commissaire enquêteur.

Nous avons vu que la loi de 1873 ne faisait pas cesser l'indivision. Elle laissait aux propriétaires in-

digènes le soin d'en sortir en se conformant au droit
commun (art.815).Mais les ayants droit étaient souvent au nombre de cent,deux cents ; les jugements
de défaut profit-joint,les significations,etc. coûtaient
5000, 6000 et jusqu'à 12000 francs ; ces frais énor-
mes empêchaient les indigènes de demander la licitation ; les partages provoqués par des agents d'affaires qui s'étaient rendus acquéreurs de parts in-
divises avaient généralement ruiné tous les commu-
nistes. M. Pauliat signalait au Sénat les dangers
qu'entraîne l'application de l'article 815. « Des hommes d'affaires, sous le couvert de cet article, ont com-
mis de véritables spoliations. Le procédé employé
est des plus simples. On achète la part de deux
ou trois indigènes ; l'on a souvent cette part pour
50, 60 ou 80 francs et alors on introduit une demande
en licitation. Un beau jour les indigènes reçoivent
du papier timbré ; ils n'y comprennent rien, laissent
passer les délais et la propriété est adjugée pour
quelques centaines de francs. D'autres fois les indigènes propriétaires courent au tribunal, mais ils
n'ont pas le moyen de pousser les enchères et leur
propriété leur est enlevée. De nombreux indigènes
ont été dépouillés ainsi : ils forment une classe rou-
lante de vagabonds dont on ne se débarrassera qu'en
leur attribuant des terres. »

B   7

Ces résultats désastreux montraient que notre procédure ne convient nullement en Algérie. Pour arriver à constituer la propriété individuelle et à permettre les transactions au profit des colons, il fallait doter les indigènes d'un régime de faveur. La loi de 1887 autorisa les commissaires enquêteurs à répartir dorénavant entre les familles les immeubles commodément partageables. Ces solutions avait été indiquées déjà par les instructions du gouverneur général, mais il n'était pas mauvais de leur donner une consécration législative. Quant aux immeubles qui avaient été soumis aux opérations de la loi de 1873, ils pourraient être partagés suivant des formes spéciales, à la requête de tout copropriétaire ou de tout créancier d'un copropriétaire. Si toutes les parties étaient d'accord, le partage aurait lieu par acte passé devant un notaire, ou un greffier : les difficultés seraient tranchées par le juge de paix. Si les parties n'étaient pas d'accord pour le partage amiable, l'action en partage serait précédée « de la nomination d'un représentant unique de tous les défendeurs indigènes contre lequel la procédure serait valablement suivie. » Cette disposition très heureuse de l'article 16 permettait d'éviter les frais considérables qui résultaient autrefois de la présence au partage d'un très grand nombre d'ayants droit.

En résumé lorsque la loi de 1873 complétée par

la loi de 1887 serait exécutée, la propriété serait
constituée en Algérie comme en France ; les colons
pourraient acquérir le sol. Malheureusement il semble que la solution définitive ne sera pas immédiatement obtenue. Le 31 mai 1878, les titres de propriété n'étaient délivrés que dans 22 douars (69.688
hectares) ; les opérations, il est vrai étaient en
cours d'exécution sur une superficie de 982, 191 hectares. Le Tell s'étend sur plus de 12 millions d'hectares. « Même en admettant, disait M. Cahn, que
l'habitude du travail, l'amélioration et la simplification des procédés suivis permettent d'espérer une
notable amélioration, on ne constituera annuellement la propriété indigène que sur 150.000 hecta-
tares. » Une note parue en 1885 dans la *Revue Al-*
gérienne annonçait que 18 ans suffiraient pour ter-
miner les travaux dans le département d'Alger.
Toutefois, le 31 décembre 1885, 447, 358 hectares
seulement étaient placés sous le régime de la loi française.

§ 2. — Il ne suffit pas d'autoriser l'aliénation de
la propriété indigène au profit des Européens. Il
faut encore procurer aux acquéreurs un titre sûr,
les mettant à l'abri de toute chance d'éviction. Cette
question se lie étroitement à la question précédente :
c'est encore, sous un autre aspect, le problème de la

propriété indigène dans ses rapports avec la colonisation.

I. Or, au lendemain de la conquête, acheter des terres, c'était une témérité presque folle. D'une part, la loi musulmane encore envelopée de mystères, l'organisation de la famille et les incapacités mal connues, l'indivision qui laisse les terres aux droits d'un nombre infini de copropriétaires, les retraits exposaient fatalement les acquéreurs aux évictions. D'autre part, les arabes étaient de mauvaise foi : estimant que notre domination ne durerait pas, ils consentaient volontiers à aliéner leur terres ; en l'absence d'État civil et de titres fonciers sérieux, ils vendaient ce qu'ils n'avaient pas ou exagéraient frauduleusement les contenances. Comment vérifier les droits des vendeurs et la condition des immeubles ? L'intervention de l'État s'imposait. Nous avons vu que les premières dispositions législatives prirent un parti extrême : elles interdirent les transactions entre musulmans et Européens. Sous le gouvernement du maréchal Bugeaud, notre autorité s'affermissant en Algérie, on commença à encourager les efforts des colons ; on leva, dans une certaine mesure les prohibitions mal respectées d'acquérir. L'ordonnance de 1844 s'efforça de donner quelque sécurité aux transmissions en écartant les dangers qui les menaçaient et que la pratique avait révélés.

1° Elle accorda le bénéfice d'une amnistie à tous ceux qui avaient acquis au mépris des défenses antérieures : leurs droits furent maintenus sous la seule condition qu'ils fussent entrés en possession des immeubles qu'ils s'étaient procurés (art. 23). 2° Il fallait liquider rapidement le passé ; toutes actions en nullité, rescision ou revendication furent soumises à une prescription de deux ans à compter de la date de l'ordonnance ; ces délais expirés, les vendeurs étaient déchus de leurs droits (art. 7). La jurisprudence admit que cette déchéance était d'ordre public. 3° Il fallait soustraire les Européens aux menaces d'éviction fondées sur la loi musulmane, qu'ils n'avaient pu connaître. En premier lieu, on valida et on déclara inattaquables les ventes qui pouvaient être arguées de nullité, à raison de l'insuffisance des pouvoirs de ceux qui les avaient consenties (art. 1). La jurisprudence décida que les familles indigènes étaient valablement représentées par celui qui en paraissait le chef et détenait les titres. En second lieu, aucun acte translatif ne put être attaqué pour le motif que l'immeuble était inaliénable aux termes de la loi musulmane. (art. 3). Cette disposition concernait principalement le *habous*. Le habous était à l'origine une donation en faveur d'un établissement religieux et entraînait la dépossession immédiate du propriétaire. « Il était devenu, dit M.

Bernard (discours de rentrée, 1888) une pure fiction ayant pour objet quelquefois d'échapper à la confiscation du souverain, plus souvent d'éluder la loi successorale. » C'était une sorte de substitution par laquelle l'institué recevait la propriété, la jouissance étant réservée au donataire, à ses enfants ou à ses parents dans un ordre déterminé. Les biens soumis au habous étaient en principe inaliénables. L'ordonnance de 1844 (art. 3) confirmée par l'article 17 de la loi de 1851 ne supprimait pas le habous : elle décidait seulement qu'il n'était pas applicable aux Européens. Un décret de 1858 déclara que les dispositions de l'article 17 étaient applicables aux transactions entre musulmans : désormais le habous n'était plus obligatoire pour le grevé qui pouvait l'anéantir en aliénant.

II. « Après l'ordonnance de 1844, des procès sans nombre s'élevèrent, dit M. Dareste. On s'aperçut que le remède était insuffisant et on se décida à entreprendre la vérification par mesure administrative de toutes les propriétés immobilières en Algérie. » Ce fut l'objet de l'ordonnance du 21 juillet 1846. Le ministre de la guerre déterminait le périmètre des territoires dans lesquels les propriétés rurales seraient vérifiées. Dans les trois mois de la publication de l'arrêté ministériel, tout européen ou indigène qui se prétendait propriétaire de terres comprises

dans le périmètre déterminé devait déposer ses titres de propriété entre les mains du receveur des domaines. La jurisprudence admit qu'à défaut d'autres titres, le propriétaire pouvait déposer un acte
de notoriété constatant la longue possession. Quelles
étaient les formalités de vérification ? 1° Examen des
titres. Ils étaient transmis au conseil du contentieux
qui déclarait réguliers en la forme les titres antérieurs au 30 juillet 1830 et constatant la propriété,
la situation, la contenance et les limites des immeubles. 2° Application des titres sur le terrain. Un des
membres du conseil du contentieux se transportait
sur les lieux : assisté d'experts et en présence des
parties, il déterminait, par des bornes les limites et
la contenance de la propriété, levait un plan, et dres-
sait un procès-verbal. 3° Ces opérations étaient soumises au conseil du contentieux qui rendait une décision, immédiatement si aucune contestation ne
s'élevait, après que l'autorité judiciaire avait statué
sur la propriété, si l'immeuble était revendiqué par
plusieurs prétendants. Le conseil : 1° rejetait les titres, s'ils ne s'appliquaient pas au terrain : en ce
cas, les détenteurs de titres annulés recevaient une
concession de terres, à titre de dédommagement ;
2° homologuait le plan et le procès-verbal des opérations : en ce cas « la décision valait titre au propriétaire et ne pouvait être attaquée pour quelque

cause que ce fut. » Art. 16 § 2. Ainsi le propriétaire recevait un titre complet et définitif *erga omnes*, lui donnant toute sécurité, constatant un droit désormais à l'abri de tout danger d'éviction. En 1851, les opérations de reconnaissance de la propriété étaient à peu près terminées en territoire de colonisation : le sol était purgé des droits indigènes. L'ordonnance de 1846 avait accompli « une œuvre de salut public (1) », dit M. Dalloz.

Malheureusement les résultats de l'ordonnance de 1846 ne furent pas durables. Ce fut la faute d'un principe funeste qu'on avait omis d'abroger. En 1832 une disposition spéciale de la législation algérienne avait écarté l'application de l'article 3 du Code civil « les immeubles sont régis par la loi française. » On avait admis que les transmissions entre musulmans seraient régies par la loi musulmane. Doctrine aussi choquante en théorie que fâcheuse en pratique ! Il n'y avait pas de statut réel en Algérie : Les conventions immobilières entre musulmans étaient soumises à la loi musulmane ; les conventions immobilières entre Français ou entre individus de nationalités différentes, à la loi française. M. Eyssautier a fort bien montré les inconvénients de cette dualité de la législation foncière : « Tant que les transmis-

1. Les 9.12 des terres étaient réclamées par plusieurs propriétaires à la fois.

sions, dit-il, n'avaient lieu qu'entre musulmans, pas de difficulté. Mais quand la terre était transmise à un Européen, la loi française régissant cette transmission pouvait être en conflit avec la loi musulmane régissant une transmission de musulman à musulman. Et si la terre devenue française revenait à un musulman, la loi musulmane pouvait de nouveau régir une convention subséquente entre musulmans. Les deux lois s'enchevêtraient : aussi leur application était souvent inextricable » (1). Lors de la discussion de la loi de 1851, le gouvernement demandait que tout acte translatif fut constaté authentiquement et transcrit. La commission écarta ces formalités « qui ne peuvent, disait le rapport, que contrarier les habitudes fondées sur les lois et entraver le mouvement régulier des affaires. » Un amendement de M. Poujoulat proposant d'exiger que les transmissions entre musulmans fussent transcrites sur les registres du domaine fut rejeté et l'article 16 fut voté, reproduisant la disposition de l'arrêté de 1832. « Les transmissions de biens de musulman à musulman continueront à être régies par la loi musulmane. »

Ce principe erroné auquel il faut attribuer l'insécurité des transactions immobilières en Algérie eut, après 1846, un double effet. 1° L'ordonnance avait purgé les immeubles des droits réels indigènes. Si l'immeuble, francisé au moment de la délivrance du

1. *Rev. Alg.* 1887.

titre, était resté soumis au statut français, il n'aurait été grevé désormais que des droits réels du Code
civil, établis conformément à nos lois. Mais, « la
loi de 1832 toujours en vigueur avait dit : les transactions entre musulmans seront régies par la loi
musulmane. Or, aucun texte ne réglant l'état de la
terre elle-même, force fut bien de reconnaître que
la terre était soumise au droit contractuel de la convention, droit variable comme les parties elles-mê-
me » (1). Possédé par des indigènes, toutes les fois
qu'il fut l'objet de transactions entre les indigènes,
l'immeuble resta soumis à la loi musulmane. Il put
être grevé comme autrefois de droits musulmans :
les conventions immobilières restèrent soumises à
la preuve par témoins. La cour d'Alger (19 mars
1862), jugea « que si les contrats de vente entre
musulmans étaient passés conformément à la loi musulmane, bien qu'ils ne fussent pas transcrits, ils
étaient opposables à des tiers non musulmans qui
auraient acheté postérieurement par acte authenti-
que et même transcrit ». Cette jurisprudence était
exacte : conserver aux Musulmans le bénéfice réel
de leur loi, c'était le leur conserver sans réserves,
tant au regard des contractants qu'au regard des
tiers et même au détriment des acquéreurs euro-

1. M. Dunoyer. Thèse de 1888.

péens ». Il est vrai, dit M. Dalloz, que ce système avait pour résultat de rendre bien incertaine
et par la même périlleuse toute transaction hypothécaire ayant pour objet des immeubles appartenant à des musulmans ». 2° L'ordonnance de 1846
avait donné aux propriétaires fonciers des titres
clairs, précis. Ces titres devinrent promptement
inutiles. « Pour n'avoir pas soustrait, dit M. Charpentier, les questions immobilières à la compétence
des cadis, soit comme juges, soit comme notaires,
on vit peu à peu les actes des cadis, c'est-à-dire
informes et sans précision remplacer les actes réguliers. L'ordonnance n'eut qu'un résultat éphémère ». La première transmission par décès ou entre vifs au profit d'un musulman enlevait à l'immeuble le bénéfice du titre français qu'on lui avait labo-
rieusement procuré : la propriété était de nouveau
constatée dans les formes de la loi musulmane.

Un décret du 4 juillet 1855 disposait que la loi du
23 mars 1855 serait appliquée en Algérie. Ce décret
n'abrogea point l'article 17 de la loi de 1851 : la loi
musulmane resta seule applicable aux conventions
entre musulmans. La jurisprudence admit que la
transcription n'était exigée que dans les cas où la
transmission était régie par la loi française.

III. Nous avons vu que les opérations de la loi de
1873 aboutissaient à la délivrance de titres. La loi prit

des précautions pour que son œuvre ne disparût pas comme celle de 1846. Si elle ne disposa pas que l'article 3 du Code civil était purement et simplement étendu à l'Algérie, elle prépara tout au moins l'application du statut réel français à tous les immeubles d'Algérie. Depuis 1873 : 1° Tout immeuble qui a été l'objet d'un titre français, administratif, judiciaire ou notarié est francisé ; en d'autres termes, il est soumis au statut réel français. Que faut-il entendre par acte administratif, judiciaire ou notarié ? Les actes administratifs sont ceux qui ont été délivrés en exécution de l'ordonnance de 1846, ou en vertu d'une concession, ou encore ceux qui seront établis au cours des opérations que prescrit la loi de 1873 ; les actes notariés sont tous ceux qui ont été dressés par les notaires pour constater une transaction immobilière soit entre Européens soit entre indigènes ; les actes judiciaires sont tous les actes de juridiction gracieuse ou les jugements relatifs aux immeubles. A quelle date l'immeuble est-il francisé ? Le statut réel est imprimé à l'immeuble du jour de la loi si le titre est antérieur, du jour de la date du titre s'il est postérieur. — Quant aux immeubles qui n'ont pas de titre français, ils restent sous le statut antérieur, tantôt français, tantôt musulman conformément à l'article 17 de la loi de 1851. Entre indigènes, les règles du droit musulman relatives à l'occupation, à la vivification de la terre, à la prescription sont applicables ; mais, c'est un statut transitoire : toute propriété non encore francisée doit être soumise à l'enquête et recevoir un titre administratif. 2° Le statut réel « une fois imprimé à l'immeuble est immuable (1) » ; il est définitif et permanent : il régit désormais toutes les transactions dans lesquelles l'immeuble est en cause, quelle que soit la loi personnelle des propriétaires.

L'application du statut réel français devait entraîner la compétence de nos juridictions et de nos officiers ministériels. Il était impossible de confier aux cadis le soin d'interpréter notre loi ; nos tribunaux étaient seuls compétents pour connaître des actions relatives aux immeubles de statut réel français ; les immeubles de statut mixtes, possédés par les indigènes, sans titre français furent soumis à la juridiction des juges de paix. Mais il était bien dangereux de laisser aux cadis la rédaction des actes. M. l'avocat général Cammartin signalait en 1875 la nécessité d'une loi nouvelle : « Les choses ont repris leur cours, disait-il, les actes des cadis ont succédé avec leur imperfection et leur incertitude aux titres délivrés par le domaine qui n'ont eu qu'une valeur éphémère. » On avait surtout à se préoccuper des actes dressés par les cadis à la suite des transmissions par décès : les actes de transmissions entre

1. Eyssautier. *Rev. Alg.* 1887.

vifs, depuis 1866 étaient soumis à la transcription.
Le décret du 22 septembre intervint : il ne modifia
pas l'article 7 de la loi de 1873, d'après lequel « il
n'est point dérogé aux regles de succession des indigènes entre eux. » Il ne s'occupa que des partages. Il ne faut pas confondre la succession et le partage. La succession confère un droit à une partie de
l'hérédité ; le partage précise le droit de chaque héritier sur les objets héréditaires ; c'est un mode d'é-
tablissement de la propriété individuelle. Les successions de musulmans, la capacité de tester, de recevoir, la quotité disponible, l'ordre des dévolutions
restèrent régies par la loi musulmane interprétée par
les cadis. Le décret de 1886 confirmé par la loi de
1887 disposa qu'il serait procédé aux opérations des
partages par les soins des notaires français : l'attri-
bution des parts serait faite, le titre dressé par nos
officiers ministériels.

Ainsi la loi de 1873 : 1° préparait l'application du
statut réel à tout le sol de l'Algérie ; 2° ordonnait
la délivrance de titres réguliers. Malheureusement
la distinction qu'elle admit entre les immeubles
immédiatement francisés et les immeubles laissés
provisoirement sous le statut mixte donna naissance à une interprétation erronée qui compromit
la valeur des titres délivrés. Les immeubles français
en vertu d'un titre administratif, judiciaire ou no-

tarié ne furent pas soumis aux opérations de délimitation. Il est inutile, disait-on, de leur délivrer
un titre : ils ont déjà ce titre. On oubliait que les
actes notariés et judiciaires sont insuffisants pour
donner au propriétaire une sécurité parfaite : l'acte
notarié se dispense souvent d'indiquer les limites
de l'immeuble que l'acheteur déclare connaître ;
l'acte judiciaire n'est opposable qu'aux parties en
cause ; enfin ces actes n'ont pas la vertu d'opérer la
purge des droits réels sur l'immeuble. La cour de
cassation décida que ceux qui étaient propriétaires
en vertu d'un titre français étaient dispensés de
produire ce titre au commissaire enquêteur. Cette
jurisprudence était fâcheuse. 1° Le commissaire enquêteur ne pouvait connaître que par la commune
renommée les immeubles possédés en vertu d'un titre
français ; si par erreur, il procédait aux opérations
de délimitation sur ces immeubles, le titre délivré
par lui n'avait aucune valeur à l'encontre des titres
français antérieurs. 2° Les titres délivrés aux propriétaires d'immeubles soumis aux opérations ne
procuraient plus une sécurité absolue ; la délimitation de ces immeubles n'étant point nécessairement
contradictoire, leurs limites pouvaient être contes-
tées ultérieurement par les propriétaires d'ilots isolés : le titre délivré par le commissaire enquêteur
purgeait l'immeuble des droits réels indigènes, mais

non des droits constatés par des titres français. Ce
système prévalut après un arrêt de la cour de cassation (1) auquel se rallia la cour d'Alger, malgré
les protestations d'un parti important dans la doctrine qui demandait que tous les immeubles fussent soumis aux opérations de délimitation et que
les titres délivrés fussent « le point de départ unique de la propriété », conformément aux termes de
la loi.

On avait prévu en 1873 que les opérations ordon-
nées par la loi ne seraient point immédiatement ache-
vées. On avait organisé, à titre de disposition transitoire en attendant la délivrance des titres, une
sorte de purge destinée à permettre aux Européens
d'acquérir immédiatement les terres de propriété
privée, et « de dégager, dit M. Colin, leur propriété
des incertitudes d'une origine obscure. » (art. 25 à
32. Tit. III). Tout Européen acquéreur d'immeubles
d'indigènes pouvait procéder : 1° à la purge du droit
commun établie par le Code civil (art. 2181 à 2192);
2° à une purge spéciale, qu'on appela purge Algérienne. Les formalités prescrites étaient : deux insertions dans les journaux d'un extrait du contrat;
le dépôt d'un pareil extrait entre les mains du juge
de paix et des administrateurs français et indigènes.

1. *Rev. Alg.* 80. 2. 1.

Si dans les trois mois du dépôt, un droit réel sur l'immeuble était revendiqué en vertu du droit musulman, et s'il était reconnu fondé par le vendeur' l'acquéreur pouvait, soit persister dans son acquisition en demeurant soumis aux charges, soit y renoncer; s'il était contesté par le vendeur, celui-ci devait dans les 30 jours introduire une instance destinée à en purger l'immeuble. Si dans le délai de trois mois aucune réclamation n'était produite, l'immeuble étaient soustrait à tout revendication ultérieure. Au vu d'un certificat du procureur de la République, le service des domaines délivrait un titre français qui formait « le point de départ de la propriété, à l'exclusion de tous droits antérieurs. »

La purge du Titre III ne pouvait s'appliquer qu'aux terres de propriété privée (anciens melks). Elle n'était instituée qu'en faveur des seuls Européens. L'expérience montra que les formalités de publicité prescrites par le titre III constituaient une procédure lente et coûteuse qui garantissait mal les droits des tiers : c'est en général au moment de la prise de possession, après l'expiration des délais utiles que le propriétaire limitrophe s'aperçoit qu'on a vendu une partie de son terrain. La loi de 1887 disposa que l'acte de vente serait reçu par un notaire ; un extrait du contrat serait remis à l'administration des do-

B   8

maines et déposé au greffe de la justice de paix. Il
serait procédé au bornage de l'immeuble par les
soins du juge de paix ; les tiers prévenus de l'opération par des insertions dans les journaux devraient,
dans les 45 jours, former leurs réclamations entre
les mains du greffier. A défaut de réclamation dans
ce délai le juge de paix délivrerait le certificat né-
gatif et l'administration le titre de propriété. — La
loi de 1887 autorisait l'acquisition d'immeubles, la
délivrance anticipée de titres et la purge au profit
d'acquéreurs européens, en territoire de propriété
collective.

§ 3. — PROJETS DE LOIS. — Un projet a été présenté
à la chambre le 1 juillet 1889, puis à la législature
suivante, le 20 décembre 1889. Il demande que la
délivrance anticipée des titres soit permise au profit
des indigènes qui se soumettront aux formalités de
la purge spéciale et de l'enquête partielle ; les opérations prescrites par la loi de 1873 sont de longue
durée ; en attendant leur achèvement les immeubles
de propriété collective sont inaliénables ; dans les
immeubles de propriété privée, les droits de chacun
manquent de précision et de certitude, les actes sur
lesquels s'appuient ces droits ne contenant que des
énonciations vagues et incomplètes. La situation
présente pèse aux indigènes eux-mêmes. Dans la

procédure de purge spéciale, l'indigène n'ayant pas de contrat notarié déposera une déclaration qui indiquera l'origine de ses droits de propriété, la situation et la consistance de l'immeuble. L'enquête partielle sera commencée non dans le délai d'un mois à partir de la demande en délivrance du titre (art. 8 loi de 1887), mais dans les six mois du dépôt de la requête.

Proposition de loi et rapport de M. Franck Chauveau. — La proposition de loi étudiée par la commission sénatoriale tend à transformer d'une manière originale le régime foncier de l'Algérie. Voici l'économie du projet : Chapitre I. Il est institué en Algérie une conservation de la propriété foncière chargée de l'immatriculation des immeubles, de la constitution des titres de propriété, de la conservation des actes relatifs aux immeubles immatriculés, de l'inscription des droits et charges sur ces immeubles. — Art. 1. L'immatriculation consiste dans l'inscription sur un registre public de tous les droits et actes concernant la propriété immobilière. — Art. 2. Elle a pour effet d'assurer à l'égard de tous soit la propriété soit tous autres droits réels entre les mains de ceux qui auront été inscrits sur le livre foncier comme bénéficiaires desdits droits ; tous les droits réels antérieurs à l'immatriculation non inscrits sont définitivement abolis.

Toute réclamation ultérieure n'ouvrira plus au pré-
tendant droit qu'une action personnelle — Art. 5.
Toute distinction légale est supprimée entre les terres de propriété collective et les terres de propriété
privée qui auront été soumises à l'immatriculation
(art. 6). — Le chapitre II du projet détermine la
procédure d'immatriculation. Elle est précédée de
publications et d'insertions qui mettent les intéressés en demeure d'établir leurs droits, d'un bornage
et d'un levé de plan. — Chapitre III. Chaque immatriculation donne lieu à l'établissement en double
du titre de propriété : il contient la description de l'immeuble, le nom du propriétaire, les charges réelles qui existent sur l'immeuble (art. 20). —
Un des doubles du titre est inséré au livre foncier ;
l'autre reste entre les mains du propriétaire (art. 21).
— Toute mention inscrites par le conservateur sur le
livre foncier est reproduite par lui sur le double du
titre (art. 22). Sont mentionnées toutes mutations
de propriété entre vifs ou par décès, toutes constitu-
tions de droits réels (art. 23). — A défaut d'inscription ces droits ne sont pas opposables aux tiers qui
ont acquis des droits réels et les ont conservés en se
conformant à la loi (art. 24). — Lorsqu'un immeuble est divisé, chaque lot est borné : il est établi un
titre et un plan pour chaque lot (art. 27). — Chapitre

IV. Tous les privilèges généraux devront être inscrits et ne prendront rang qu'à partir de leur inscription sur le livre foncier. Aucune hypothèque légale ne pourra être prise que sur des biens et pour
des sommes déterminées (art. 31). L'hypothèque du
mineur est déterminée par une délibération du
conseil de famille (art. 34). L'hypothèque de la
femme par le contrat de mariage ou par un
jugement (art. 35). Elles peuvent être étendues
ou réduites. — L'hypothèque judiciaire est supprimée (art. 39). — Chapitre V. Tout propriétaire ou, avec le consentement du propriétaire,
tout créancier inscrit peut requérir du conservateur la délivrance de cédules transmissibles par
endossement nominatif et à ordre (art. 40). —
Titre II. Lorsque le partage d'un immeuble appartenant à des indigènes est demandé, le tribunal attribue au demandeur, si faire se peut, une part de
l'immeuble ; si l'immeuble n'est pas commodément
partageable, les défendeurs peuvent, soit accepter
la licitation, soit payer au demandeur une somme
représentant la valeur de ses droits. — Titre III.
Les dispositions de la loi seront appliquées au Tell
Algérien délimité conformément à la loi de 1873
et aux territoires déterminés par les arrêtés du gouverneur général.

CONCLUSION.

§ 1. — On peut admettre simultanément deux modes d'aliénation de terres domaniales. 1° la vente. Elle s'appliquerait aux terrains situés dans le voisinage des villes ou déjà cultivées qui ont une valeur considérable. Elle serait, en principe, à prix fixe. On vendrait aux enchères les lots que plusieurs acquéreurs convoitent. Dans tous les cas, les ventes seraient entourées d'une grande publicité. Les indigènes non naturalisés ne pourraient acquérir les terres domaniales. 2° La concession gratuite. Elle favorise le peuplement ; les émigrants sont généralement pauvres : l'appât de la propriété les attire. Elle s'appliquerait 1° aux terres éloignées, toutes les fois qu'il serait nécessaire de fonder un centre de population, 2° même aux terres déjà mises en valeur, mais seulement, au profit d'anciens soldats. Dans tous les cas, les premiers défrichements auraient été faits sur les terres concédées ; la main-d'œuvre pénale aurait exécuté les premiers travaux (1). — La con-

1. Léveillé, Cours de droit pénal et de colonisation (1894).

cession ne pourrait porter sur une étendue de terres supérieure à 30 hectares ; toutefois si le concessionnaire avait des enfants, il pourrait recevoir un lot plus considérable. Une seule condition imposée au concessionnaire : la résidence pendant cinq années.

Il faut écarter résolument tous les systèmes qui donnent au propriétaire un simple droit de créance. Ces systèmes aboutissent à lui interdire l'hypothèque : c'est le condamner à mourir de faim sur sa concession. D'autre part, il serait dangereux de lui accorder immédiatement une propriété définitive : il ne faut pas l'exposer à la tentation de spéculer sur sa concession. La période provisoire est un stage nécessaire, une garantie au profit de l'État : il faut donc reconnaître au colon la propriété sous condition suspensive ou résolutoire. L'inconvénient c'est qu'il ne peut consentir aux tiers que des droits conditionnels ou résolubles. Le remède, c'est l'hypothèque ferme et privilégiée : elle assure à tous ceux qui prêtent pour les travaux agricoles un droit certain, en dépit de toute déchéance : elle procure au capitaliste une sécurité presque parfaite. On peut la soumettre à l'autorisation administrative ; on peut, et c'est préférable, exiger une justification de l'emploi des fonds, sans imposer toutefois aux acquéreurs des obligations trop rigoureuses : la jurisprudence s'est très sagement contentée de quittances sans date certaine. Enfin il faut s'en tenir résolument au système qui laisse toute liberté d'hypothéquer ; l'hypothèque ordinaire sera encore pour le colon sérieux un moyen de crédit. — L'organisation du crédit, c'est un problème auquel on ne paraît pas avoir songé aux États-Unis avec le sysème du home stead. Le crédit est cependant indispensable ; que fera le cultivateur s'il n'a que sa terre et ses bras ; il lui faut du bétail, des semences, des instruments. Il semble que dans certaines circonstances l'État pourrait lui fournir un cheptel à charge de le restituer. L'intervention de l'État paraît surtout utile pour encourager le développement ou la création d'établissements de crédit prêtant aux cultivateurs à longue échéance et moyennant un faible intérêt.

§ 2. — Il est permis d'espérer que prochainement le problème si difficile et si compliqué de la propriété indigène sera résolu, que la propriété partout accessible à la colonisation aura, en Algérie, une sécurité que nos lois ne lui assurent point encore dans la métropole. Dans les pays nouveaux, lorsque les difficultés du premier établissement sont vaincues, on peut quelquefois entreprendre une œuvre qu'on estime sur le continent européen irréalisable.

Il paraît certain que notre régime foncier, tel que l'ont organisé le code civil et la loi de 1855 ne donne point à la propriété toute sa valeur. Des législations

étrangères, d'origine germanique se sont revélées su-
périeures à la nôtre. Dans notre législation 1° la publicité des transactions immobibières est insuffisante :
on n'a pas soumis à la publicité tout acte, tout fait
juridique ayant pour effet de constituer, modifier,
éteindre un droit réel immobilier. Nul n'est tenu
d'accomplir les formalités de la loi de 1855 ; la publicité n'est assurée que par l'intérêt des ayants
droit. Les mutations par décès ne sont pas transcrites ; l'héritier, obligé de subir les droits que le
défunt a transmis, n'a pas intérêt à transcrire. Les
actes déclaratifs ont un effet rétroactif : on n'a pas
intérêt à leur donner publicité. Il y a des hypothèques et des privilèges occultes, parce qu'ils valent,
indépendamment de toute inscription. 2° Les recher-
ches sont difficiles : il y a deux procédés de publicité, l'inscription, la transcription; deux registres.
La transcription est un procédé condamné : les actes sont copiés à la suite les uns des autres ; les
clauses utiles sont noyées dans les clauses accessoi-
res ou de style. L'inscription est un procédé préférable : c'est une mention claire et précise de chacune
des clauses qui intéressent les tiers. Mais l'inscription et la transcription se font au nom de l'ayant
droit : les erreurs sont fréquentes à raison de l'i-
dentité des noms. 3° Les effets de la mention au registre au profit de celui qui fait transcrire sont res-

treints : les transcriptions assurent seulement un rang de priorité entre personnes qui tiennent leurs droits du même auteur. Celui qui achète et transcrit n'est nullement certain des droits de son vendeur.

Le système des livres fonciers donne à la propriété une sécurité absolue et une complète valeur. Il prend pour base, non la personne, élément variable et indifférent, mais l'immeuble, élément stable et fixe. Le livre est en concordance avec le cadastre qui donne l'état descriptif et les limites des immeubles. Chaque immeuble a une feuille au livre foncier : cette feuille donne sa description physique et juridique, son état civil ; elle fait connaître les charges qui le grèvent, le nom de son propriétaire. Tout fait de nature à modifier la condition juridique du sol doit être mentionné au livre foncier. Le fonctionnaire chargé de la tenue des registres est un juge : avant toute inscription, les droits sont soumis à son examen. Toute mention du registre fait foi. Nul ne peut contester le droit de celui qui est inscrit ; celui qui contracte avec le propriétaire inscrit au livre est à l'abri de toute cause d'éviction non révélée par le registre.

Le système du livre foncier qui existe en Allemagne, en Australie et en Tunisie est proposé pour l'Algérie par le projet de loi du Sénat. Il est absolument désirable que le projet soit voté. Toutefois une grave modification paraît nécessaire : le projet déclare l'immatriculation facultative. « Ce serait, dit M. Besson, condamner la réforme à un échec certain ». En effet les enquêtes partielles sont rares et coûteuses, l'immatriculation facultative permet de conserver indéfiniment le statut réel musulman ; elle laisse subsister plusieurs régimes fonciers. Il faut que l'immatriculation soit obligatoire. L'établissement d'un bon cadastre, base de la réforme, n'est pas très difficile en Algérie : il faut continuer les opérations de délimitation et de reconnaissance de la propriété prescrites par la loi de 1873 ; il faut soumettre à ces opérations tous les immeubles, même ceux qui sont possédés en vertu d'un titre français.

1. Les livres fonciers et les réformes hypothécaires. M. Besson est aussi l'auteur d'une étude sur « la condition des personnes et des terres en Algérie », couronnée par la Faculté de Droit. Nous n'avons pu malheureusement nous la procurer, l'ouvrage n'étant pas encore imprimé.

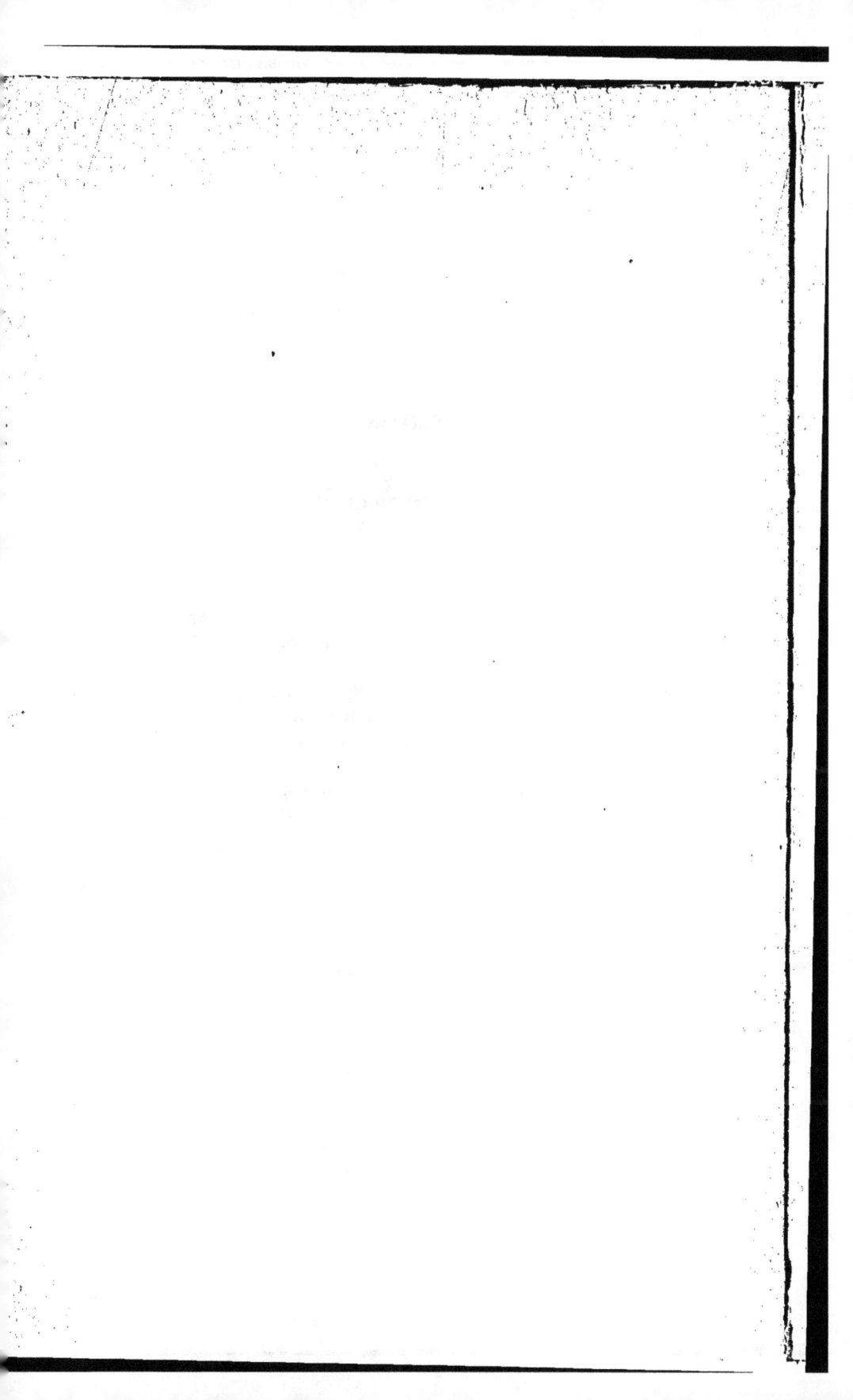

POSITIONS

Droit Romain.

1. Les fonds provinciaux auxquels le *jus italicum* est concédé peuvent être susceptibles de propriété quiritaire.

2. Les *civitates liberæ et immunes* avec ou sans traité conservent leur droit local après la conquête romaine.

3. L'État romain n'a pas de domaine éminent sur l'*ager stipendiariis datus adsignatus*.

4. L'État romain a un domaine éminent sur l'*ager a censoribus locari solitus*.

Droit civil

1. Sous le régime du bail de colonisation, le locataire ne peut hypothéquer ni les constructions ni la concession.

2. La concession est un régime plus favorable que la vente aux progrès du peuplement.

3. La distinction entre la terre melk et la terre arch n'e pas son origine dans la loi musulmane.

4. Le titre délivré en vertu de la loi de 1873 ne donne pas une pleine sécurité à la propriété.

Droit Romain.

1. Si la chose vendue périt avant le transfert de la propriété, les risques sont à la charge l'acheteur.

2. Le pupille peut avoir des esclaves nantis de pécules.

3. L'incapable peut recevoir un paiement sans l'*auctoritas* du tuteur.

4. A l'origine il n'y a pas de conditions particulières pour l'obtention de l'*in intregrum restitutio* ; A l'époque d'Ulpien une jurisprudence s'est formée et décide qu'elle ne peut être obtenue qu'à certaines conditions.

Droit civil.

1. Le bail confère au preneur un droit purement personnel.

2. Dans l'action en dommages-intêts intentée par l'ouvrier contre le patron, à la suite d'un accident du travail, la preuve de la faute du patron n'est pas à la charge de l'ouvrier.

3. Il n'y a lieu à répétition de l'indu que si le paiement a été fait par erreur.

4. L'indication d'une cause simulée ne rend pas nécessairement l'obligation nulle.

Législation coloniale

1. La France ne peut chercher d'autres colonies de peuplement que l'Algérie ; nos efforts doivent tendre à créer des colonies de plantations.

Droit administratif

1. Les communes du département de la Seine ne sont pas responsables des dégâts causés par des attroupements sur leur territoire.

Droit commercial

1. Le porteur de la lettre de change est propriétaire de la provision.

2. Lorsque des personnes ont été victimes d'un accident de chemin de fer, les demandeurs en dommages-intérêts n'ont pas à prouver la faute de la compagnie

Vu : *le Président de la thèse*,
LEVEILLÉ.

Vu par le Doyen,
COLMET DE SANTERRE

Vu et permis d'imprimer :
Le Vice Recteur de l'Académie de Paris,
GRÉARD.

TABLE DES MATIÈRES

Laval, Imp. E. JAMIN, rue Ricordaine, 8.

RED. :

21

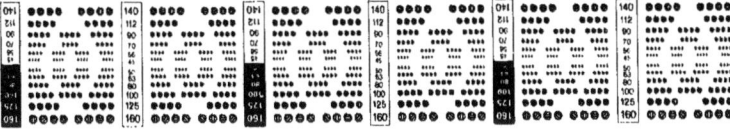

MIRE ISO N° 1
NF Z 43-007
AFNOR
Cedex 7 - 92080 PARIS-LA-DÉFENSE

graphicom
37989 70

0 1 2 3 4 5 6 7 8 9 10

www.ingramcontent.com/pod-product-compliance
Lightning Source LLC
Chambersburg PA
CBHW070526200326
41519CB00013B/2945